北京日报理论周刊文存

名家卓见

理论难点辨析

北京日报理论部　编

北京日报出版社

图书在版编目（CIP）数据

名家卓见：理论难点辨析／北京日报理论部编. —
北京：北京日报出版社，2016. 3
（北京日报理论周刊文存）
ISBN 978 - 7 - 5477 - 2026 - 4

Ⅰ. ①名… Ⅱ. ①北… Ⅲ. ①社会科学—文集 Ⅳ.
①C53

中国版本图书馆 CIP 数据核字（2016）第 049353 号

名家卓见 理论难点辨析

出版发行	北京日报出版社
地　　址	北京市东城区东单三条 8 - 16 号东方广场东配楼四层
邮　　编	100005
电　　话	发行部（010）65255876
	总编室（010）65252135
印　　刷	廊坊飞腾印刷包装有限公司
经　　销	各地新华书店
版　　次	2016 年 3 月第 1 版
印　　次	2016 年 3 月第 1 次印刷
开　　本	710 毫米 ×1000 毫米　1 / 16
印　　张	10. 5
字　　数	160 千字
定　　价	32. 00 元

北京日报理论周刊文存

序

联系理论

理论与实践相结合，是理论研究与传播的最高原则。理论联系实际，既是党的思想路线，又是鼓舞理论工作者深入生活、联系群众、服务社会的响亮口号。

然而，对于在实践现场的实际工作者来说，理论联系实际这一判断还蕴含了一个重要前提：实际联系理论。

从宏观层面理论角度看，联系实际是检验理论、创新理论的不二途径。从微观层面、实践层面看，联系理论又是理性实践、科学发展的重要方法。

为官一方，责任重大，任务纷繁 ，面临各种矛盾和挑战。因此，务实勤政、少说多做、埋头苦干成了许多优秀官员的美德。但是，这些官员并不是一开始就扎入事务堆中。他们中的绝大多数的共同选择是：学习，研究，思考。“向理论求教”是共产党人的传统法宝，也是我们与时俱进、永葆先进性的当代经验。

因此，联系理论是党员领导干部的刚性需求。

政治上的成熟源于理论的坚定。理论上坚定成熟，任何力量都不能动摇、摧毁我们。土能浊河，而不能浊海；风能撼木，而不能撼山。有了管根本、利长远的原理、立场、观点和方法，我们就能不忘初心，得其始终。

问题是时代的声音。问题愈鲜明，理论便愈彻底，而社会对于理论的需求也就愈旺盛。事情往往是这样的：一个时代的问题既是绕不开、躲不过的困难和挑战，同时又是这个时代的实践者对发展、对未来的不停探索与大声叩问。

随着实践、发展的深入，问题便日益深刻且尖锐。而理论，便成为空谷回响，循声而来，绵绵不绝，振聋发聩。

理论是高峰。联系理论，我们便拾级而上，登上制高点。可以俯瞰，可以远眺，游目骋怀，开一新境界。事物纷纭，细节丛脞，关系复杂，若从理论的高度上看下去，一切便有了格局、脉络和方位。

理论是钻石。它是对过去的总结和未来的思考，是经典作家和无数思想者智慧的结晶。联系理论，我们便登堂入室，任导师、哲人们点拨、开示。情势再诡谲，矛盾再棘手，但我们学而有友、胸有成竹。就是说，我们并不是孤独地在特定时空完成一次工作，而是集结、融汇了一切智者的相关经验、思想和知识。众志成城，万物皆备于我。“君子生非异也，善假于物也”。

一个民族要想站在科学的最高峰，就一刻也不能离开理论思维。这当然是就民族智性、思维品质而言的。实际联系理论，起点是主动学习、深刻把握、积极运用理论，但最高境界一定是在理论的引导下让自己获得“理论思维”这一卓越品质，去粗取精，去伪存真，由表及里，由此及彼，善于总结经验，抓取本质，发现规律，从生动多变的实践中演绎出新知识、新理论。

任何理论都追求有用性。马克思说，思想一旦离开利益，就一定会使自己出丑。然而，在现实生活中，理论必定只限于原理、规律和历史经验的供给。如果让学者抛开“概论”而直接画“施工图”，必定方凿圆枘，南辕北辙。同样，实际工作者“联系理论”亦须有眼光，有定力。一卷在手，了然于胸，不求即用，融会贯通。“风物长宜放眼量”，理论之树方常青。

傅華

目 录

从空前觉醒到伟大复兴　金一南　1

为民族解放牺牲，为民主进步开路　徐　焰　13

为什么说共产党是抗战中流砥柱　张海鹏　23

几个流行的民主化理论命题的证伪　杨光斌　30

西式民主的泰国之殇　杨光斌　35

中国崛起与文明型国家的逻辑　张维为　40

民主是一种妥协　韩　震　49

西方民主政治为什么缺乏普适性　林尚立　54

中国民主的巨变与走向　杨光斌　59

中国究竟需要什么样的经济学　杨光斌　64

究竟该怎样理解“积极发展混合所有制经济”

卫兴华　何召鹏　68

从国际政治比较看“治理民主”的优势　杨光斌　74

中国独特的“共赢主义”　胡鞍钢　84

“中国式民主”的新路　许耀桐　89

不能做“合法性”概念的囚徒　杨光斌　94

西方选举政治的“圈子”现象 金灿荣 董春岭 99
从西方殖民史看它们的自由民主人权 辛向阳 105
法治思维的基本要领 孙笑侠 114
从“民主条件论”到“民主困境论” 周敏凯 121
澄清关于“自由、民主、人权”的认知盲点 张维为 125
用“国家治理”引领时代的话语权 杨光斌 130
正确把握政治制度比较的基本标准 喻　中 134
西化思维定势的片面性是与生俱来的 黄力之 139
福山政治观点的转变说明了什么 杨光斌 143
美国如何宣传自己的价值观 欧阳康 钟　林 149
怎样认识“西方马克思主义” 徐崇温 155

从空前觉醒到伟大复兴

——论抗日战争胜利对于中华民族的伟大意义

金一南

抗日战争是鸦片战争以来，中国抵抗帝国主义侵略历时最久、规模最大、受损最重、牺牲最多的战争。它发生在中国最衰弱的时刻，因此侵略者必然要选择这一时刻。

以血缘和姓氏为核心的封建王朝，
只对姓氏、家族负责，不对民族负责。
民众认为天下都是皇上的，打败了也是皇上打败了，
割皇上的地，赔皇上的款，与我何干

此前，中国已经多次被侵略战争洗劫。一个被西方描述为GDP占世界三分之一的东方大国，面对坚船利炮竟然不堪一击，一而再、再而三地割地赔款、丧权辱国，为什么会这样？有人从军备上寻找失败原因，还有人从体制上查找根源。分析更深刻的，是京师大学堂译局总办严复。这位英国皇家海军学院毕业生，在《孟德斯鸠法意・卷五按语》中说："中国自秦以来，无所谓天下也，无所谓国也，皆家而已。一姓之兴则亿兆为之臣妾，其兴也，此一家之兴

也；其亡也，此一家之亡也。天子之一身兼宪法、国家、王者三大物，其家亡则一切与之俱亡。顾其所利害者，亦利害于一家而已，未尝为天下计也。”

这段话点出了中国至弱之源。当西方各国从17世纪中叶纷纷开始构建现代民族国家之时，中华民族大大落后了。以血缘和姓氏为核心的封建王朝统治者，只对姓氏、家族负责，不对民族负责。这种状况反过来又导致民众认为天下都是皇上的，打败了也是皇上打败了，割皇上的地，赔皇上的款，与我何干。这种只有王朝安全、没有民族安全的状况，使国家安全一开始就从民众心理养成和大众精神状态上处于千疮百孔的脆弱状态。

历史也正是如此。1840年第一次鸦片战争爆发，英军登陆后发生在三元里的抗击战未能成为普遍现象，更多的是民众主动向侵略者出售牲畜、蔬菜、粮食。1860年，英法联军火烧圆明园，周围有民众也加入了哄抢园内财物的行列。1900年八国联军攻打北京，身后有民众推车帮助运送物资给养；联军部队包围北京，又得民众指引从广渠门下的水道攻进城内。有一幅令人印象深刻的照片，画面是当联军部队从广渠门下的水道鱼贯而入、一个一个顺土坡往上攀爬时，两侧有一群一群的中国人，揣着手站在那里，麻木地观看。这就是孙中山描述的状况：“四万万中国人，一盘散沙而已。”一盘散沙同坚船利炮对抗，结果可想而知。

侵略者敢于一再冒险，
是看透了中国国家内耗、政府腐朽、社会涣散

推翻清朝、创立民国之后，旧中国被踢开国门、遭到烧杀抢掠的现象仍然没有终止。北洋军阀主政下的中国，作为第一次世界大战的战胜国出席巴黎和会。在人们欢呼“公理战胜强权”的兴奋时刻，英、美、法、意、日“五强”却操纵和会，将战败国德国在中国山东的权益转让给日本。北洋军阀政府倒台了，民国政府先在1931年“九一八”事变中丢掉了东北，又在1937年“七七”事变之后丢掉了华北。人们反复谴责帝国主义侵略成性、嗜血成性、

掠夺成性，却很少思索：日本关东军为何敢于以1.9万兵力面对19万东北军发动“九一八”事变？日本华北驻屯军为何敢于以8400兵力对约10万兵力的宋哲元第29军发动“七七”事变？

辛亥革命成功，帝制被推翻，国家状态如李大钊在《大哀篇》中所说：“革命以前，吾民之患在一专制君主；革命以后，吾民之患在数十专制都督。昔则一国有一专制君主，今一省有一专制都督。前者一专制君主之淫威，未必及今日之都督。”城头变幻大王旗，军阀混战，生灵涂炭。从1911年至1931年的20年间，仅四川一省，军阀混战就有478次。这种内耗严重、四分五裂、散沙般涣散的国家状态和社会状态，怎能不成为列强屠宰的目标？侵略者敢于一再冒险，就是看透了中国的国家内耗、政府腐朽、社会涣散的状况。

在饱受欺凌、廉耻扫地、暗无天日的年代，整个民族都渴求有英雄出来顶天立地。清华大学教授俞平伯诘问：“我们的英雄不知在何处？”

因为当时中国的状态，日本侵略者轻看了这场战争。他们以为短时间就能迫使中国屈服。日军参谋本部制定的《在华北使用武力时对华战争指导纲要》，判定两个月解决驻扎北平一带的宋哲元第29军，三个月击败中国国民党中央军。

表面看他们的“根据”是充足的。军事上，中国军队一败再败：华北沦陷、淞沪沦陷、南京沦陷、徐州沦陷、武汉沦陷……政治上，国民政府高官、军人、政客也纷纷倒戈。大清王朝末代皇帝很快成为伪“满洲国”元首。1935年11月大汉奸殷汝耕在通县成立“冀东防共自治委员会”。12月，又出现一个夹在日本人与国民政府之间、以实行“华北自治”为主旨的“冀察政务委员会”，发布文件宣称“冀察两省，与日本有特殊关系”，还与日本驻屯军订立《华北中日防共协定》及华北“经济提携”的“四原则、八要项”。眼看华北将成为第二个伪“满洲国”。日本关东军的板垣征四郎成为东北汉奸之父。日本华北驻屯军的土肥原贤二成为华北汉奸之父。中国三个伪政权头目王克敏、汪精卫、梁鸿志先后就职。王克敏与汪精卫的矛盾，竟然起源于王投降日本更早，在汪面前摆老资格，不把汪放在眼里。汪精卫为此想方设法处处抬梁鸿志、压王克敏，让另一个大汉奸周佛海连声叹息："处此残局，尚如此钩心斗角，中国人真无出息也！"

抗日战争期间，国民政府58个旅长、参谋长以上将官投敌，一些部队成建制哗变。整个八年抗战，协助日军作战的伪军人数高达210万，超过侵华日军数量，使中国成为唯一在第二次世界大战中伪军数量超过侵略军的国家。这种状况，难道不是显露集体性的精神沉沦和人格沉沦？怎能不会极大地助长侵略者灭亡中国的骄横和癫狂？

在那个纲常错乱廉耻扫地的暗无天日年代，当被问到自己的梦想时，清华大学教授俞平伯用了一个反问："我们的英雄又不知在何处？"整个民族都渴求有英雄出来顶天立地。

冰天雪地之中，四面合围之下，共产党人杨靖宇用整个生命大写出一个顶天立地的中国人

东北抗日联军第一路军总司令杨靖宇，在极端困难的条件下坚持抵抗，决不投降，战斗到最后，只剩自己一个人。身边的人除去牺牲，就是叛变。叛徒程斌，抗联第一军第一师师长，杨靖宇最信任的人，1938年率部投敌，组成"程斌挺进队"，将杨靖宇在深山老林里的密营全部捣毁，把杨靖宇逼入绝境。叛徒张秀峰是军部警卫排长，这个父母双亡的孤儿，由杨靖宇抚养成人。他1940年2月带机密文件、枪支及抗联经费叛变投敌，向日军提供了杨靖宇的突围路线。此人是杨靖宇的贴身警卫，知道杨靖宇活动规律，他的叛变导致杨靖宇很快牺牲。叛徒张奚若，抗联第一军第一师特等机枪射手，叛变后在伪通化省警务厅长岸谷隆一郎的命令下，开枪射杀了杨靖宇。还有一个很难称为叛徒的人：蒙江县"保安村"村民赵廷喜，上山砍柴发现了杨靖宇。赵廷喜向日本人告发前，在山上看见

杨靖宇几天没有吃饭，脸上、手上、脚上都是冻疮，对杨靖宇说："我看还是投降吧，如今满洲国不杀投降的人。"赵廷喜哪里知道，岂止不杀，如果投降，日本人打算让杨靖宇出任伪"满洲国"军政部长，利用其影响制服东北抗联。

杨靖宇沉默一会儿，对赵廷喜说："老乡，我们中国人都投降了，还有中国吗？"

这句话真是震人心魄。冰天雪地之中，四面合围之下，共产党人杨靖宇用整个生命，大写出一个顶天立地的中国人。今天之所以还能有中国，就是因为有这样惊天地、泣鬼神的英雄，在最黑暗、最困难、最无助、大多数人万念俱灰的时候，用自己的灵魂与血性，支撑起中华民族的脊梁。当年地质学家丁文江面对国内经济凋敝、政治混乱、日本侵略者步步蚕食的黑暗困境，说出一句极具内力的话："只要少数之中的少数，优秀里面的优秀，不肯坐以待毙，这个民族就总有希望。"中国共产党就是在这个最艰难的时刻，将阶级担当转化为民族担当，由阶级斗争的开路先锋，转变为民族存亡的中流砥柱。

在国民党副总裁汪精卫及 20 余个中央委员都先后投敌的情况下，共产党人给蒋介石留下的深刻印象是："共产党是从来不投降的"

抗战开始，德国在中日之间"调停"。德国驻华大使陶德曼在给德国外交部的密电中，这样描述蒋介石对"调停"的态度："他（蒋介石）秘密地告诉我，假如他同意日本要求，中国政府会被舆论浪潮冲倒，会发生革命，唯一结果就是中国共产党会在中国占优势，这就意味着日本不可能与中国议和，因为共产党是从来不投降的。"

在国民党副总裁汪精卫及20余个中央委员都先后投敌的情况下，蒋介石说出"共产党是从来不投降的"这句话，也算是共产党人给他留下的最深刻印象。毛泽东、周恩来、朱德、彭德怀这些人的骨头是很硬的。在整个抗日战争期间，共产党的高级领导者无人向日本人投降，八路军、新四军也没有任何一支部队去当伪军。

民族危亡关头，中国共产党人给中华民族注入前所未有的精神气概。

让侵略者始料未及的是，
它面前出现了一个全新力量——中国共产党，
没有想到这个党动员起来、组织起来、武装起来的民众，
为侵略者垒起一座无法逾越的高山

抗日战争，是一个半殖民地半封建的弱国面对一个帝国主义强国的战争。

1937年7月17日，蒋介石发表庐山讲话，1900字的文稿6次提到“弱国”，同时也指出：“眼前如果要求平安无事，只有让人家军队无限制地出入于我们的国土，而我们本国军队反要忍受限制，不能在本国土地内自由驻扎，或是人家向中国军队开枪，而我们不能还枪。换言之，就是人为刀俎，我为鱼肉！我们已快要临到这个人世悲惨之境地。这在世界上稍有人格的民族，都无法忍受的。”国民政府随后组织淞沪会战、南京保卫战、太原会战、徐州会战、武汉会战……国民政府在正面战场的坚决抵抗，让日本侵略者始料未及。

更让侵略者始料未及的，是出现了另一个战场——共产党领导的敌后战场。这是世界反法西斯战争中中国战场出现的奇异景象。

应该说日本方面肢解中国、占领中国的计划从来就不是草率和简陋的。从甲午战争前后它在中国做的大量细致情报工作和在国内完成的周密军事准备，可见一斑。20世纪30年代前后，从1928年6月的皇姑屯事件到1931年6月“中村事件”、7月“万宝山事件”、9月“九一八”事变，从1932年“一·二八”事变到1935年“张北事件”再到1937年“七七”事变，日本一直在通过不断地制造危机和利用危机，有条不紊地向预定目标节节推进。

但这一轮它错了。它犯下的最大错误，就是以为历史会简单重复，以为还会像甲午战争消灭大清北洋水师和击溃清朝陆军就可获得丰厚的割地赔款一

样，只要击败蒋介石的中央军就可征服中国。这是它最主要的战略盘算。它没有想到面前出现一个全新力量——中国共产党，没有想到这个党动员起来、组织起来、武装起来的民众，为侵略者垒起一座无法逾越的高山。

“七七”事变之前，日本统治者以为三个月灭亡中国，他们只看到了中国政府的羸弱。“七七”事变发生20多天后的1937年7月31日，蒋介石对身边亲信透露“可支持六个月”，他也只看到了国民政府手中的有限资源。

1938年5月毛泽东发表《论持久战》，则是看到了中国民众中蕴含的巨大能量。弱国要不被消灭而且战胜强国，必须动员民众、组织民众、武装民众、依靠民众。只有全民动员起来，进行人民战争，才能持久抗战，打败日本侵略者。

任何一个民族，都不乏积蓄于生命中的火种，
共产党群众工作的关键，就是激发这些火种
点燃它，这个民族就不会堕落，
不会被黑暗吞没，不会被侵略者征服

日本发动的入侵使中日民族矛盾尖锐化，大大超越中国国内的阶级矛盾，为动员各阶层民众开辟了全新广阔空间。著名科学家钱伟长的经历就十分典型。钱伟长1931年以中文、历史双百成绩，被清华大学、交通大学、浙江大学、武汉大学、中央大学五所名牌大学同时录取。但同年9月发生“九一八”事变，他从收音机里听到这个消息后拍案而起：“政府讲不要抵抗，因为人家有飞机大炮。我听以后火了，下决心。我说我要学飞机大炮！”钱伟长极具文史天赋，但物理只考了5分，数学、化学共考了20分，英文因没学过是0分。为了内心这个愿望，他极其刻苦。五年之后，他以优异成绩从清华大学物理系毕业。抗日的愿望，把本该成为文史学家的钱伟长变成了现代中国力学之父。

钱伟长是一代知识分子的缩影。“黄河之滨，集合着一群中华民族的优秀子孙”。抗战时期，出现了一股知识分子加入抗日队伍的潮流。1937年

“七七”事变后，从西安到延安的几百里公路上，每天都有成群结队的男女知识青年奔赴延安。1943年12月，任弼时在中央书记处工作会议上说：“抗战后到的知识分子总共有4万余人。”这是土地革命战争中从未有过的景象。知识分子的大量加入，提高了队伍素质，增强了国人信心，拓宽了发展前景，为夺取抗战胜利做出重要贡献。

中国各阶层民众感天动地的抗战事例，举不胜举。一个真实的故事，就发生在邯郸西部山区一个村庄。

一天，孩子们正在追逐玩耍，不知从哪里冒出来的日本鬼子，一下子把村子包围了。好几个正在开会的区委干部来不及走脱，都被困在村里，只好混在乡亲里面。这是一个生命力旺盛的村子，全村5000人中，有1000多个孩子。日本人选中孩子作突破口。他们拿出糖果，一个一个地给，“吃吧吃吧，米西米西，随便指指哪一个不是村子的人”。没想到的是，1000多个孩子没有一个接糖。把攥紧的手掰开，将糖硬塞进去，手像推火炭一样把糖推出来，又重新紧紧攥上。日本人的糖掉在满是灰土的地上。几十年过去，有人问当年其中的一个孩子：“你们咋那么大胆？真的一点不害怕？”这位已经白发苍苍的老者回答：“谁也不是铜浇铁打的，咋不怕！可那糖不能接，一接，就成汉奸了。”

老人没有多少文化，不会形容夸张，讲起来平平淡淡。他和他当年那些小伙伴凭世世代代流传下来的道德，凭庄稼人做人的直觉，在大灾难面前坚守着那个棒子面窝头一样粗糙无华的意识：“一接，就成汉奸了。”这种道德的感召和良心的威慑是如此强大，以致狂吠的狼狗和上膛的三八大盖都无可奈何。在支起来的机枪和塞过来的糖果面前，在“一接，就成汉奸了”这一结论上，他们无人教导、不需商量，竟然息息相通。按照过去的话说，即所谓的“种”。1000多个孩子，个个有种。任何一个民族，都不乏积蓄于生命中的火种。共产党群众工作的关键，就是激发这些火种。点燃它，这个民族就不会堕落，不会被黑暗吞没，不会被侵略者征服。

随着战场上国民政府军队节节后退，八路军、新四军坚决向敌后挺进，先后在华北、华中和华南的广大农村建立了众多抗日根据地。日本侵略者完全没有想到要面对两支性质完全不同的军队，两个完全不同的战场

中国最广大的地区还是农村，最众多的民众还是农民。开辟与发展农村抗日根据地，是真正动员民众、组织民众、武装民众、依靠民众与日本侵略者持久作战的核心与关键。随着战场上国民政府军队节节后退，八路军、新四军坚决向敌后挺进，先后在华北、华中和华南的广大农村建立了众多抗日根据地，到1940年已经拥有一亿人口。日本侵略者完全没有想到要面对两支性质完全不同的军队，面对两个完全不同的战场。战争初期，日军全力以赴进攻蒋介石的国民政府军队，基本不把共产党领导的八路军和新四军放在眼里。随着越来越深入中国内地，情况变化越来越出乎他们的预料。

1939年12月，日本华北方面军参谋长笠原幸雄说："华北治安战的致命祸患就是共军。只有打破这个立足于军、政、党、民的有机结合的抗战组织，才是现阶段治安肃正的根本。"到1940年8月八路军发动"百团大战"时，日军已有9个师团和12个旅团被钉死在华北，这件事严重牵制了日军兵力，消耗了日本国力。敌后战场全民皆兵，全民参战，军民一致打击侵略者的状况，令日军震惊不已。日军第一军参谋朝枝回忆："（在百团大战中）八路军的抗战士气甚为旺盛，共党地区的居民，一齐动手支援八路军，连妇女、儿童也用竹篓帮助运送手榴弹。我方有的部队，往往冷不防被手执大刀的敌人包围袭击而陷入苦战。"日军独立混成第三旅团报告冀南作战的遭遇："两名特务人员捉到当地居民，令其带路，当接近敌村时，带路的居民突然大声喊叫'来了两个汉奸，大家出来抓啊！'""冈村支队的一个中队，当脱离大队主力分进之际，带路的当地居民将其带进不利的地形，使我陷于共军的包围之中。"

这正是毛泽东所说的："战争的伟力之最深厚的根源，存在于民众之

中。”发动群众、组织群众、武装群众，是共产党的法宝。《华北治安战》评论：“共军与民众的关系，同以往的当政者不同。中共及其军队集中全力去了解民众、争取民心，不但日本，就连重庆方面也远远不能相比。”日军山口真一少尉与国共两党的军队都打过仗，对于两种完全不同的作战方式，他的比较与总结是：“对神出鬼没的共军每天都要进行神经紧张令人恐怖的战争，不如打一次大规模的战斗反倒痛快。其后我参加过老河口作战，我回忆在中国四年之中，再也没有比驻防在（冀南）十二里庄当队长时更苦恼的。”

这也正是日本侵略者的巨大悲剧所在：不但要面对蒋介石领导的正面战场，还要在毛泽东领导的敌后战场面对觉悟了的、开始为捍卫自身利益英勇战斗的千千万万普通民众。正如毛泽东所说“就造成了陷敌于灭顶之灾的汪洋大海”。

全民抗战，是中华民族真正的全民族觉醒。没有最惨痛的沉沦，就没有最辉煌的崛起。在这一饱受苦难的进程中，民众觉悟程度和组织程度的进步，达到了前所未有的历史高度

中华民族百年沉沦，历尽苦难。拿破仑说：中国是一头沉睡的狮子，它醒来世界会为之震颤。拿破仑的意思是：这头狮子最好不要醒来。事实上这头狮子也一直在沉睡，长期沉睡。

1840年第一次鸦片战争前后，林则徐、魏源企图唤醒这头狮子。林则徐交代魏源写《海国图志》，已经萌生要将中国改造为一个现代国家的思想，但在中国没有引起反响。第一次鸦片战争后书籍传到日本，却引起了强烈震动，成为日本明治维新的重要推手。魏源在日本的知名度，远远超过中国。

惊醒这头睡狮，还需要更惨痛的失败。

这一失败来了：1894年甲午战争，北洋水师灰飞烟灭。传统印象中的“蕞尔小邦”日本也能强令中国签订《马关条约》，获得空前的割地和赔款。梁启超说：唤起吾国千年之大梦，实自甲午一役始也。

睡狮开始觉醒。觉醒进程仍然是一个数十年的历史过程。甲午战争后1895年康有为的“公车上书”，标志着中国官僚士大夫阶层的觉醒。这个阶层一些人已经开始认识到整个国家出了问题，必须加以解决。

1919年爆发的五四运动，则是中国知识分子的觉醒。以传统“世外桃源”为乐趣的这个阶层，通过“内惩国贼，外争国权”，全面参与到国家政治历史的进程之中。

1937年的全民抗战，才是中华民族真正的全民族觉醒。日本侵略者占中国的地，杀中国的人，屠中国的城，对准整个中华民族而来，使这个民族第一次没有阶级之分、没有地域之隔、没有统治与被统治之嫌。即“地无分南北，年无分老幼，无论何人，皆有守土抗战之责任，皆应抱定牺牲一切之决心”。

没有最惨痛的沉沦，就没有最辉煌的崛起。代价是极其巨大的。八年抗战，全国军民死伤3500万人，有形财产损失6000多亿美元，无形财产损失不计其数。在这一饱受苦难的进程中，民众觉悟程度和组织程度的进步，达到了前所未有的历史高度。

1937年抗战开始后，国民党中央宣传部长周佛海说了一句话：“中国人的要素，物的要素，组织的要素，没有一种能和日本比拟，战必败。”这个问题已经由艰苦卓绝的抗战胜利做出了回答。

1938年抗战最艰苦阶段，史学家蒋廷黻在其著作《中国近代史》中发出另一个设问：“近百年的中华民族根本只有一个问题，那就是：中国人能近代化吗？能赶上西洋人吗？能利用科学和机械吗？能废除我们家族和家乡观念而组织一个近代的民族国家吗？能的话，我们民族的前途是光明的；不能的话，我们这个民族是没有前途的。”

回答这个问题，只有留给中国共产党人了。为了民族的生存、发展、繁荣、昌盛，并自立于世界民族之林，中国必须在半封建半殖民地的社会肌体上，构建自己的新型民族国家。1912年成立的中华民国，是这一艰难探索的起始。30多年的实践证明，它不稳定、不持续、不繁荣，最终既无法完成救亡，也无法完成复兴。中国迫切需要一个能够稳定、持续、繁荣、完成民族救亡与民族复兴双重历史使命的政权和国家体制。

1949年诞生的中华人民共和国，是中国共产党人通过牺牲奋斗、为苦难深重的中华民族献上的一份大礼。中国人民被前所未有地动员起来、组织起来，开创了中国历史上第一个持续、稳定、繁荣、昌盛，能够完成救亡与复兴双重使命的现代民族国家。

中国人民在抵抗外来侵略中表现的深刻的民族觉醒，也是今天和今后实现伟大民族复兴的关键性支撑

抗日战争是自1840年以来，中国人民反抗外来侵略第一次取得完全胜利的民族解放战争，是中华民族由衰败到复兴的转折点。1949年中华人民共和国成立，是1840年开启的民族救亡命题的标志性终结，也是民族复兴命题的标志性起始。美国人布鲁斯·拉西特和哈维·斯塔尔在《世界政治》一书中说："历史上，大多数国家都是在战争的经历中形成的。"中国也不例外。用我们自己的话说就是"打败侵略者，建设新中国"。哈佛大学教授约瑟夫·奈所说的"一般来讲，大国的标志是有能力打赢战争"，同样讲得很好。正是万众一心、共赴国难的抗战胜利，使中国开始进入大国之列。中国人民在抵抗外来侵略中表现的深刻的民族觉醒、空前的民族团结、英勇的民族抗争，是抗日战争取得胜利的决定性因素，也是今天和今后继续实现伟大民族复兴的关键性支撑。

新中国成立前夕，毛泽东说：中国必须独立，中国必须解放，中国的事情必须由中国人民自己做主，自己来处理，不允许任何帝国主义再有一丝一毫的干涉。这说出了100多年来所有中国人的心声。就如国家主席习近平2014年3月在巴黎纪念中法建交50周年大会上讲的那句话——"中国这头狮子已经醒了"。

（作者为国防大学战略教研部教授）

为民族解放牺牲，为民主进步开路

——谈中国共产党在全民族抗战中的中流砥柱作用

徐　焰

在民族危难之际，国共两党凝聚在抗日民族统一战线的旗帜下，集全民族力量打赢了抗日战争。作为当时中国主要的两大政治力量，国民党和共产党究竟在抗日战争中表现如何？随着中国人民抗日战争胜利纪念日逐渐临近，人们对这一问题讨论尤其热烈，其中有些观点明显有违史实。对此，北京日报《理论周刊》专访著名军史专家、国防大学战略教研部徐焰教授，对有关问题进行辨析澄清。

衡量国共抗战表现要用客观尺度

理论周刊：最近，关于国共两党在抗战中作用的讨论很受人关注，您对此是怎么看的？

徐焰：近代中国多灾多难，内忧外患交织。过去被清朝视为“蕞尔小邦”的日本能有“以蛇吞象”之心大举侵华，除了其自身的狂妄和凶悍以外，也是利用了旧中国统治集团的极度腐朽和无能，否则偌大的中国也不会如此受尽欺凌。

1931年“九一八”事变发生时，人数仅2万的日本关东军在几天内便轻取东北多数城市，在南京政府和东北军首领的不抵抗命令下，当地20万以上的中国驻军或降或逃。关内抗战初期，也常有百十名日寇就能长驱直入一县城、省城，不仅未遇抵抗，还会有一些汉奸忙着挂“维持会”牌子并打太阳旗相迎。

在1937年全面抗战爆发后的一年内，面对几十万日军入侵，国民政府丢失了东部2亿人口的最富庶地区。直至1944年春至1945年初，在世界反法西斯战争胜利前夕，面对已是强弩之末的日军进攻，国民党军仍在豫湘桂大败，丢失了6000万人口的地区。直至抗战胜利时，仅从中国战场上看，日强中弱的形势并未真正改变。

“战争是政治的继续”。当年中国受日本欺负，外在原因是新兴的法西斯国家特别具有扩张性和疯狂性，内在原因则是国内社会条件造成一些人的媚外心态。长期封建宗法思想又导致重家庭个人、轻民族社会的恶习，导致一些只知个人私利而不顾民族大义的人投靠日本。伪“满洲国”皇帝溥仪后来在战犯管理所中忏悔道：“我从懂事起便只知祖宗基业而不知民族国家。”国民党内二号人物、副总裁汪精卫率20多名中央委员和50多名将官投日，在南京建立伪国民政府，还以降敌的国民党军为基础建立起数量最多达90万的伪军，也是一个社会腐朽群体对抗战失望而想降日自保的表现。后人常唾骂抗战时期国内“汉奸多”，伪军数量有时超过侵华日军，这不能仅仅用个人品质来解释，而主要是旧中国黑暗腐朽的社会制度所造成的。总而言之，抗日也需革除和改造腐朽的社会制度。

因此全面客观评价国共两党的抗日表现，须用两种维度。哪两种维度呢？当年进步的中国人其实都知道，抗日战争进行的是毛泽东所说的民族、民主两个革命——“对外推翻帝国主义压迫的民族革命和对内推翻封建地主压迫的民主革命”。因此，衡量哪个政党、哪支军队或哪个政治代表人物在抗战中的贡献，一方面看其是否积极抗日，另一方面看其是坚持社会改革进步还是维护腐朽的黑暗制度。

理论周刊：一般认为，共产党在抗战中的中流砥柱作用，主要是基于两方面：一是敌后战场的开辟，二是建立并维护抗日民族统一战线。按照您的看法，“改造社会”是否也应该是中共中流砥柱作用的重要体现？

徐焰：中国共产党在抗战期间同国民党当局片面抗战的根本区别，正在于很好地完成了毛泽东说的“抗日战争是民族、民主两个革命”的双重任务，不仅在敌后打鬼子战绩辉煌，也建立了代表中国光明未来的广大解放区，这也是中共名副其实成为抗战的中流砥柱的原因。

中国要有效抗日，除了大力抗击民族敌人而不能妥协外，还要对本国社会进行根本改造。其措施就应该是改变代表官僚买办和封建豪绅的专制体制，实行民主、改善民生。抗战时期，蒋介石也谈“抗战建国”，提倡强调“礼义廉耻”的“新生活运动”。不过国民党高层同社会上腐朽的既得利益集团关系紧密，自身权贵家族势力又在战时继续膨胀，未搞任何社会改革，这使国统区的经济日益恶化，国民党党部、官场和军队的腐败更为严重，其控制面积至抗战末期还大为缩小。中国共产党领导的根据地在1937年夏天只有不过150万人口的陕甘宁边区，至1945年夏天发展为拥有1亿人口的19块解放区，其根本原因就是将民族、民主两个革命结合在一起，进行了深入的社会改革。这一改革恰恰又代表了实行民主、改善民生的人类进步大潮，因而受到国内进步团体和人士的一致称赞。

共产党由弱变强、迅速成为抗战中流砥柱的原因

理论周刊：我们知道，抗战初始阶段，共产党领导的人民武装并不强大。但中共能在短时期内进行有效动员，建立抗日根据地、开辟敌后战场，最后成为抗战的中流砥柱。这是怎么做到的？

徐焰：八路军、新四军和敌后根据地能在严酷的战斗条件下得到大发展，从根本上讲是人民战争的胜利，靠的就是将民族、民主这两个革命相结合。以游击战打日本的同时，中国共产党人在抗日根据地内建设起一个新民主主义社会，向全国人民展示了社会改革的方向。当年的中国是一个农业大国，农村人

口占全国人口的90%，农村中的贫苦农民又占绝大多数。发动人民抗战，主要的内容就是动员贫苦农民参军和支前。如果解决不了他们吃不饱、穿不暖的问题，还要因战争增加人力、物力负担，就不可能得到这一最广大群体的拥护。当年八路军、新四军走到哪里都能发动起群众，得到老百姓拥护，就在于不是只取之于民，而是造福于民。共产党的军队群众纪律好，“哪家住八路，灶里有柴烧，缸满院扫净”，这固然重要，更重要的是能解决中国农民祖祖辈辈最期盼的土地问题。

抗战开始后，国民政府大幅增税却仍不减贫农租赋，同时还强征大量壮丁，人民生活更加困苦，逃兵役成为普遍现象。而共产党建立的根据地内却出现另一种情形，虽然农民支援战争有不小的负担，却由于减少了地租，并通过减息摆脱了过去地主的“阎王债”，大多数人反映生活比战前还改善了一些。当时根据地不抓壮丁而实行自愿参军，到处是踊跃报名，是一幅“母亲叫儿打东洋，妻子送郎上战场”的动人场面。得人心者得天下，打击侵略者时也要给群众以实际利益，这就是抗战时敌后根据地能开辟和坚持的根本原因。

中国共产党在抗战期间建设根据地时，还注重发动群众监督政府，建立共产党员、群众积极分子和开明士绅组成的“三三制”政权，真正实行了清廉政治。陕甘宁边区抗日民主政府，就是按“三三制”原则，在普选基础上建立起来的。陕甘宁边区的民主选举规定，凡居住在边区年满18岁的人民，不分男女、宗教、民族、财产、文化的区别，都有选举权和被选举权。在实际投票中，群众创造了投豆豆、画圈圈、燃香在选票上烧眼眼等办法，行使自己的民主权利。“三三制”原则让中国共产党积聚了力量，同时也获得了人民的支持和拥护。在中共的领导下，陕甘宁边区建设成了全国最进步的地方。“这里是民主的抗日根据地。这里一没有贪官污吏，二没有土豪劣绅，三没有赌博，四没有娼妓，五没有小老婆，六没有叫花子，七没有结党营私之徒，八没有萎靡不振之气，九没有人吃摩擦饭，十没有人发国难财”。这个政权形式同当时国民党实行的一党专制的独裁政权形成了鲜明的对比。

在抗战进入艰难期后，为了增加生产，减轻人民的负担，共产党施行了精兵简政政策。1941年6月3日，边区政府召开县长联席会议，天下暴雨，延川县代县长李彩云被雷电击死。事后，一个农民说：老天爷不睁眼，咋不打死毛泽东？因此，毛泽东做了调查，搞清楚农民这样说的原因，他说："我调查了一番，其原因只有一个，就是征公粮太多，有些老百姓不高兴。"为了减轻老百姓的负担，中共开始精兵简政。主要内容是：将党、政、军、民等组织机构的脱产人员缩减到占所在根据地总人口的3%以内，军队（含游击队）与党、政、民工作人员的比例为3：1，从而使脱产人员与根据地的供养能力相适应，从根本上解决"鱼大水小"的矛盾；正如胡乔木所说："这是一个转机。陕北人民感到毛主席与人民是联系在一起的。"这与国民党在抗战时强征民力、掠夺民财形成鲜明对比。

海外有名的华侨领袖陈嘉庚回国考察了国统区和陕甘宁边区后也说："中国只有一个地方没有贪污，那就是延安。"这都是共产党领导的抗日根据地能迅速发展壮大，最终成为抗日的中流砥柱的深层次原因。

国民政府抗战中的失利，败在军事上，也败在政治上

理论周刊：与共产党抗日力量迅速壮大、抗日贡献迅速增长相对应，国民政府在正面战场屡战屡败，除了军事实力原因以外，还有其他的解释吗？

徐焰：当年中国抗战的目的，不是单纯的"打日本"，还要荡涤腐朽旧制度的污泥浊水，从而促进社会进步，因而从宏观的角度看抗日战争史，就不能单纯地使用军事行动这一种维度，单纯计算谁在抗日阵营中拥有的兵力多和武器好，而要用进行民族、民主革命双重任务的两种维度来衡量。除了看抗击日军的数量外，还要看谁推动了中国社会的进步。

当年中国进行的抗日战争，主要是以国民党和共产党这两支最大的政治力量共同进行的，战争的进程和胜利本来为两党的发展都提供了机会，只是国民党因其自身腐朽失去了人心也失去了机会。国民党当局在抗战时的最大历史错误，便是拒不进行社会改革并加重民众痛苦，当年国民政府军事委员会副委员

长冯玉祥曾感叹，政府视民众如草芥，民众便视政府如仇雠。

理论周刊：能具体一点吗，比如说？

徐焰：若从抗击日军的表现看，国民党军的许多将士确曾浴血奋战，但其高层却存在着许多指挥笨拙和腐败无能的现象，正面战场的会战多数失败也有这方面的主观原因。若是从中国社会进步的角度考察，国民党当局更有负人民希望。在20世纪30年代法西斯思潮兴起时，以蒋介石为首的国民党当局却同纳粹德国结成非常密切的关系，并学习其法西斯统治方式。那时国民党军队主要聘请德国军事顾问和购买德械装备，在日本侵华时还让德国居中调停，直至1941年因希特勒承认汪精卫伪国民政府而与重庆断交才中止了往来。国民党当局抛弃了孙中山的新三民主义，沿袭了封建专制主义的许多传统，又与法西斯主义相结合而形成了新专制主义。在抗战期间，国民党当局不给其他政党以合法地位，实行特务统治，导致各阶层进步人士（包括国民党内的部分开明者）在抗战期间便掀起了“反独裁、要民主”的运动。

比如说，在整个抗战期间，国民党当局不仅不进行社会改革，不改善民生，当权者还大发国难财。蒋介石提倡“新生活运动”时号召不抽烟、不喝酒，力戒贪污，然而己不正焉能正人？他的亲属和心腹的极度腐化造成上行下效，利用外战消灭和排斥异己更激起内争不息。“前方吃紧，后方紧吃”和“内战内行，外战外行”的讽刺之词，可谓当时的社会对国民党当局最流行的讽刺。

再比如说，1941年12月太平洋战争爆发后，国民党当局搭上美英战车，虽停止了对日谋和的试探，大后方腐化之风却急剧滋长。如蒋介石的连襟孔祥熙、内兄宋子文相继主管国家财政借机自肥，而“孔二小姐”（孔祥熙、宋霭龄之女）则以走私暴富，卖官鬻爵，连孙连仲升任上将军衔也要向她疏通。著名经济学者马寅初公开谴责蒋介石“不是民族英雄，而是家族英雄”，结果被关进了上饶集中营。蒋介石的爱将汤恩伯因在南口抗日打过硬仗一时全国有名，然而他在管辖河南时民谣有“河南四殃：水、旱、蝗、汤”之称，豫籍参政员在国民参政会上又称以“汤”害民最甚。当时第五战区司令长官李宗仁回忆，他接到控告汤恩伯部掠夺民财、民田、民女的状纸都厚达盈尺，而蒋介石却放纵这个心腹爱将。

正面战场溃败的原因复杂，但实质原因是统治集团腐败导致士气涣散

理论周刊： 您如何解读国共两党的部队在抗战中的表现?

徐焰： 战争中的较量，最重要的是武器操纵者的素质较量，这包括士气、技术水平的对比。在全面抗战初期，中国正面战场除了台儿庄一役取胜，其余会战都以败退告终。国民政府将失败归咎于武器落后。1944年初到1945年初，已是强弩之末的日军对豫湘桂进攻，竟然又让国民党军一溃千里，沦陷了有6000万人口的地区。在战争胜利前夕正面战场又出现大溃败，不仅使反法西斯盟国感到惊讶，也受到国内人民愤怒谴责，国民党当局再也无法推诿于武器的原因而称“军纪、风纪”不振。

抗战期间的国民党大部分军队（印缅远征军等少数部队除外）战斗力不强，除了武器系统性、标准性差之外，关键在于组织领导者腐朽昏聩，武器操纵者素质低。国民党军提升军官主要靠私人关系而不重才能，征兵又主要靠强抓壮丁，川、黔军的一些部队还是大烟枪不离手的“双枪兵”，其精神面貌和军事素质之糟糕不问可知。相比之下，日军士兵大多经受“武士道”熏陶和严酷训练。

同正面战场相比，共产党领导的敌后战场在装备最落后、条件最艰苦的情况下却能发展壮大，主要是依靠群众拥护和官兵英勇的奋斗精神。八路军出师到抗日前线的3万多部队，只有1万多支过去缴获的杂式枪，每枪平均只有30发子弹。八路军出师之初几乎没有火炮，在山西拾到阎锡山军丢弃的12门75毫米山炮才成立了仅有的一个炮兵团，因炮弹无来源只能在关键性战斗中偶尔使用。从1937年至1940年，国民党当局每年只发给八路军、新四军几十万发子弹，解放区的枪支弹药来源主要靠战场缴获，名副其实是“没有枪，没有炮，敌人给我们造。”八路军、新四军靠人民支援和战场缴获不断

发展壮大，至1945年夏发展到93万人，有37万支枪，在解放区还有装备简陋武器的220万民兵。

抗日战争中敌后战场抗战的艰难，特别表现为弹药奇缺。全民族抗战八年间，八路军、新四军平均每毙伤一敌消耗30发子弹、7枚手榴弹。这一比例在世界上是罕见的。根据世界战场的统计，第一次世界大战中平均毙伤一名敌军需消耗子弹2000发以上，第二次世界大战中欧洲战场上毙伤一名敌军平均需耗子弹5000发。在八年全面抗战中，国民党军统计共耗用子弹17.09亿发、炮弹959万发、手榴弹和枪榴弹2359万枚。按蒋纬国在《抗日御侮》一书中统计，国民党战场共毙伤日军85万人（国民党军基本不同伪军作战），计算起来平均消耗子弹2010.6发、炮弹11.3发、手榴弹和枪榴弹27.8枚才能毙伤一名日军。

国共两党部队在抗战中的表现如此不同，连美国派到中国战区的参谋长史迪威中将都盛赞共产党而一再斥责蒋介石集团无能，主张将援华武器一部分分配给“能打日本”的部队即八路军。1944年美军派到延安的观察组的报告，也预言中国的未来将属于共产党。

共产党领导的军队只有“抗”方能“大”，光“坐”岂能变“大”

理论周刊：关于国共两党的武装在战场上的表现，现在有一种说法认为，共产党军队在敌后“游而不击”“乘机坐大”。您怎么看?

徐焰：国民党政府污蔑共产党军队在敌后“游而不击”“乘机坐大”，这种说法根本违背了战争基本规则，即只有消灭敌人才能保存自己。国民党掌握国家政权并有外援的飞机、大炮和坦克，有雄厚的弹药补充，抗战时消耗子弹就达17亿发，有条件与日军打正规战。而在落后山村活动的八路军、新四军基本没有外援，主要靠轻武器甚至是原始的刀矛作战，平均一支步枪仅十几发子弹，只能用人民战争来对抗强敌。

八路军、新四军进入敌后开创根据地后，日军面对其后方基地和运输线受到威胁，长期以其在关内的约半数兵力对根据地进行“治安战”。并以其特有的毒辣狡猾手段实行“铁壁合围，捕捉奔袭，纵横扫荡，反转电击，辗转抉剔”等战术，还以“杀光、烧光、抢光”的“三光政策”摧毁根据地军民的生存条件。1941年和1942年间，敌后解放区人口曾降到5000万，八路军、新四军的数量降到40万。在这种艰苦环境中，敌后解放区通过粉碎一次次“扫荡”才得以坚持下来，并在1944年后再度迎来大发展。事实证明，当年共产党领导的军队只有“抗”方能“大”，光“坐”岂能变“大”？

前面讲到，八路军、新四军能在最艰苦的敌后坚持抗战，靠的是人民拥护。当时国民党派到敌后的兵力远比共产党多，游击战却没有打成，其军队得不到人民支援，向民间掠取更会结怨于百姓。在日军“扫荡”下，敌后国民党军倒真是陷入“游而不击”的状态之中，最后或逃回或投敌当了伪军。至1943年以后，敌后抗日武装力量中就只有八路军、新四军的一统天下。

抗战不仅赢得了民族独立，也通过改造旧社会，赢得了民主进步，中华民族复兴有希望了

理论周刊： 抗战时期中共承担了民族解放和民主进步的双重任务。这种从民族解放到民主进步的革命的胜利，对中华民族复兴有何意义？

徐焰： 抗日战争是“对外推翻帝国主义压迫的民族革命和对内推翻封建地主压迫的民主革命”。从这个观点出发，从人民战争这方面说，是国民党政权的力量由盛转衰、中国共产党领导的人民力量由弱转强的过程。在这个过程中，中华民族的民族意识空前觉醒了。中华民族复兴的希望在哪里？在中国共产党领导的抗日根据地里，在中国共产党领导的武装力量里。总的来说，在第二战线已经开辟，敌后战场不断扩大的同时，正面战场屡战屡败，全国人民，特别是大后方人民对国民党政府领导抗战到底的能力，发生了从来未有的怀疑。敌后抗日根据地政治民主，民心向上，国民党统治区独裁专制、贪污腐败

横行，大后方的大学教授、工商界人士、民主党派的政治倾向发生了动摇。美国记者、大后方报纸记者，纷纷访问延安，乃至六参政员延安之行，都大大增加了人民对国民党政府的不信任，而把新中国的希望、把中华民族复兴的希望寄托在延安，寄托在中国共产党身上。总之，抗战不仅赢得了民族独立，也通过改造旧社会，赢得了民主进步，中华民族复兴有希望了。

（作者为国防大学战略教研部教授）

为什么说共产党是抗战中流砥柱

张海鹏

近年来，有些所谓网络“国粉”片面夸大蒋介石、国民党政府的作用，似乎只有国民党政府领导了抗战。有的博文认为“蒋介石在抗战中的地位无人可以替代”“纵观中国近现代史，蒋介石才是真正的民族英雄”。有人甚至攻击共产党是中流砥柱的论断，认为只有国民党是抗日的。这些认识都是不客观的，是不能反映抗战历史真相的，是对历史不负责任的。

推动建立并坚持抗日民族统一战线
是共产党中流砥柱作用的有力证明

抗日战争是一场伟大的民族解放战争，是近代中国唯一一场胜利了的对外战争，是近代中国历史从“低谷”走向“上升”的标志，是中华民族走向复兴的枢纽。抗日战争的胜利是在民族统一战线的共同认识下实现的。离开了抗日民族统一战线，抗日战争的胜利是难以想象的。抗日民族统一战线是中国共产党全力推动的。由于民族大义当前，这个主张得到了全国民众和各政治团体的支持，也得到了执政的中国国民党的支持。在抗日民族统一战线旗帜下，实际上存在两个领导中心，国民党是一个领导中心，共产党也是一个领导中心。少了一个，抗日战争获得胜利都是不可能的。

1931年日本发动“九一八”事变，一个月占领我东北全境。全国人民抗日热情高涨，政府仍然采取不抵抗政策，加紧围剿江西苏区。日军继续挑战长城内外，侵略军进驻北平西南郊的丰台，中华民族面临空前的民族危机。1935年8月1日，红军还在长征途中，中共发表《八一宣言》，主张组成抗日民族统一战线，抵御日本帝国主义的侵略。从此，抗日民族统一战线成为共产党的基本主张，推动民族的团结和国事的进步。蒋介石置全国人民抗日热情于不顾，命令张学良东北军和杨虎城的第十七路军继续围剿刚到西北不久的共产党和红军，并且到西安督战，这不仅激起了西北人民的抗议，也激起了东北军和第十七路军将士的民族大义，这导致后来张杨发动事变，扣押蒋介石，要求蒋介石停止内战，一致抗日。共产党出于民族大义，不顾血海深仇，和平处理了西安事变。1937年“七七”事变后十天，蒋介石在庐山发表谈话：“如果战端一开，那就是地无分南北，年无分老幼，无论何人，皆有守土抗战之责任”，表示了抵抗日本侵略的决心。经过国共两党谈判，国民党在9月22日正式发表了《中共中央为公布国共合作宣言》的文件，蒋介石随之发表《对中国共产党宣言的谈话》，事实上承认了中国共产党的合法地位，确立了国共合作组成抗日民族统一战线的方针。抗日民族统一战线是确保抗战胜利的根本方针。推动建立抗日民族统一战线，始终坚持抗日民族统一战线，共产党是主动积极的，国民党是被动接受的。从这个角度说，共产党是抗日战争中的中流砥柱，难道没有道理吗?

敌后战场的存在是共产党中流砥柱作用的又一证明

八年抗战，是靠两个战场来支持的，是靠两个战场的配合取得胜利的。这就是正面战场和敌后战场。两个战场做战略配合，共同抵抗日本侵略。无论少了哪一个战场，民族战争取得最后胜利都是不可想象的。国民党掌握了政府，它有几百万军队，可以调动全国资源和人力。正面抵抗日军的进攻，当然非它莫属。1938年10月武汉失守以前，虽然首都丢了，上海、广州都丢了，但正面战场的形势还是好的。面对强敌，这个代价是不得不付的。

武汉失守以后，正面战场的形势就不那么好了，国民党政府有求和的表示，日本也有诱降的策略。国民党副总裁汪精卫害怕日本的强大，主张退让，对抗日低调，大敌当前，却从事“和平运动”（对日投降活动）。终于在1938年12月公开响应日本近卫首相对国民政府的诱降声明，走上了背叛国家、投降日本帝国主义的道路，在南京成立伪政府。上百万国民党军队投降日本，成为在中国土地上帮助日本打仗的“伪军”。如果没有敌后战场的存在，中国抗战是支持不下去的。这一点，只需要看到，侵华日军的一半或者一半以上都用来对付八路军、新四军和共产党领导的敌后根据地就可以了解问题的所在。

敌后战场是共产党领导的八路军、新四军开进日本军队占领的地方，在敌人后方建立的战场。共产党没有掌握国家政权，不掌握国家军队，不能调动国家资源和人力。陕甘宁边区等抗日根据地都是很穷的地区，出产也不丰富，人口甚少。共产党领导的军队抗战开始不过几万人，到抗战胜利也不到百万。开头一年多，国民党政府还给八路军、新四军拨付军费，此后就由共产党自己筹措军费了。共产党所领导的军队和根据地，创造性地把游击战上升为抗战战略，拖住了侵华日军的一半以上。在敌人后方，不可能有阵地战，不可能有大部队展开，用游击战方式打击敌人，极为艰苦。在敌人的眼皮底下建立抗日根据地，与暴日相周旋，与西南大后方相比，其艰苦程度是可以想见的。设想，没有敌后战场，没有共产党领导的根据地，侵华日军全部压在国民党政府军队上，国民党政府能够坚持两年以上吗？正是因为八路军、新四军和共产党领导的根据地拖住了侵华日军半数以上，才分散了正面战场的压力，使得正面战场可以从容组织抵抗。说共产党是抗日战争中的中流砥柱，难道不是历史事实吗？

正面战场虽然败仗居多，牺牲惨重，但在阻滞日军迅速灭亡中国的图谋中还是起了重要作用。这方面也应该如实评价。因此，对正面战场作战的军人，我们要肯定他们的功绩，高度评价他们的牺牲精神。但是如果离开了敌后战场对日军的牵制，离开了敌后根据地对日本占领者的骚扰和打击，正面战场坚持的时间是极为有限的。

反过来也一样，只有敌后战场，没有正面战场，抗战坚持到胜利也是完全不可能的。正是两个战场的战略配合，才把日本军队的大部分拖住在中国，使它既不能迅速灭亡中国，也不能把更多兵力投放到太平洋战场，投放到亚洲其他地区。这是中国战场对世界反法西斯战争做出的巨大贡献。

两个战场的战略配合，这就是中国民族解放战争的特点。这个特点，在世界反法西斯战争的东方战场和西方战场，都是唯一的，在亚洲和欧洲，没有哪一个国家有这种情形。法国号称欧洲强国，国家正规军队有一百多个师，编制师的数目甚至比德国多，但德国攻入法国，不到两个月，法国就投降了。结果法国未能形成两个战场对德作战。后来戴高乐在英国组织流亡政府，法共在国内组织了抵抗，但是毕竟颓势难挽。

在抗战的整体大局中，
国民党、共产党都起着领导作用，
不承认其中任何一个中心发挥的领导作用，
都不是历史主义的态度

我们要追问：抗日战争究竟是谁领导的呢？一些网上活跃的“国粉”马上会答复：是国民党。这个回答不完全符合历史事实。国民党政府可以领导正面战场，可以领导敌人未占领的大后方地区，却领导不了敌后抗日根据地，也领导不了敌后战场。反过来，共产党领导不了正面战场，领导不了大后方地区。抗日战争的全面领导是通过国民党、共产党两个领导中心来分别实施的。

说国民党是领导中心，是因为它掌握政府。这个政府是民族战争所必需的、国际国内承认的统一政权，它指挥着国家军队，担负着正面战场的作战任务。必须要有蒋介石、国民党参加，才可能利用国家政权的力量推动全国抗战的开展，才可能有全民族的抗战。没有蒋介石、国民党的参加，单凭共产党的力量，在当时的历史条件下也是难以独立支撑全国抗战大局的。抗战后期，蒋

介石与国民党政权的国际联系作用也不可忽视，他们代表中国与苏联、美国、英国等，谈判废除《辛丑条约》和治外法权，蒋介石作为中国首脑出席开罗会议，做出了从日本手中收回台湾等地的决定以及参与建立联合国，这些成绩离开了国民党政权也是不行的。我们要尊重这些基本的历史事实。

说共产党发挥了领导作用，是抗日战争中的中流砥柱，是因为它倡导、推动并始终坚持了抗日民族统一战线，使民族战争所必需的国内团结能够维持下来，而且，共产党还指挥八路军、新四军，动员敌后地区的广大人民群众，担负着敌后战场的作战任务。从这些来说，共产党是中国抗日战争的领导中心，是符合历史事实的。

共产党推动国民党抗日，监督国民党抗日，批评国民党在抗日大局上的动摇，都是从民族战争的共同利益出发的。幸好，国民党在共产党和全国人民的监督下没有放弃抗战的旗帜，把抗战坚持了下来，否则抗战前途不堪设想。共产党的这种监督作用，是在抗日民族统一战线的旗帜下进行的，这也是一种领导作用。没有这种领导作用，抗战往前进行是极为困难的。

客观地说，在抗日战争的整体大局中，国民党、共产党都起着领导作用。这个作用，都是全局性的。不承认其中任何一个中心所发挥的领导作用，都不是实事求是的态度，都不是历史主义的态度。承认国民党的领导中心，没有削弱、更没有否定共产党的领导中心的全局性作用。承认共产党领导中心，也没有否认国民党政府领导中心的地位。双方这种都是全局性的领导作用，是通过各自的领导能力来实现的，是在又统一、又矛盾的斗争中来实现的，是不能相互取代的。这种情形，是近代中国历史进程所决定的，是20世纪20年代中国近代历史开始走上上升趋势所决定的。否定任何一方都不符合历史事实。

国共两个领导中心历史地位发生着此消彼长的变化

必须指出：在抗日民族统一战线内部又统一、又斗争的过程中，国共力量的消长发生着变化，总的历史趋势是国民党政权的力量由盛转衰、中国共产党领导的人民力量由弱转强，并且历史性地改变了国内政治力量的对比。国民党这个领导中心的作用由大变小，共产党这个领导中心的作用由小变大。抗战初期，国民党这个领导中心的作用大些，抗战中后期，共产党这个领导中心的作用就越来越大了。

最明显的标志至少有两个：一个是1941年皖南事变的发生，国民党反共达到高潮，共产党进行了有理有节的斗争，高举抗日民族统一战线的大旗，赢得了民心，赢得了民主党派的支持，两个领导中心的政治天平开始倾向共产党一边；再一个是1944年豫湘桂作战的失败，大后方批评重庆国民政府声浪高涨，重庆、贵阳、昆明的大学教授、工商界知名人士对国民党政府明显失望，两个领导中心的政治天平再一次大幅度偏向中共。共产党领导能力和声望明显上升，国民党政府领导能力和声望明显下降。这是对抗日战争中国民党、共产党的领导地位和作用的切实说明，也是为什么抗战胜利后不久，国民党就垮得那么快，中华人民共和国能够迅速成立，近代中国历史开辟了新纪元的原因。

国民党的传统观点是不承认共产党在抗战中的领导作用，认为共产党“游而不击”，这是不值一驳的。现在一些“国粉”与国民党的传统观点相呼应，全面美化国民党抗战，否认共产党抗战，是历史虚无主义的表现，只要回归历史事实，抗战时期的领导作用是不难搞清楚的。

战时日本人怎样评价国民党和共产党

抗战时期，中国人民的死敌怎样评价国民党和共产党呢？这里举几个战时日本人的例子。

对于中国共产党实行持久战战略方针，日本侵略者极为敌视。曾做过日本首相、身为大将的阿部信行在1940年写道：立足于四川盆地的重庆政府，对于日本来说已不足为虑，但是共产党的力量却延伸到中国四百余州，一举手一投足都极为深刻地影响到中国的命运，无论何时都主张对日抗战，阻挡了日本将中国殖民地化的“进路”，因而成了所谓“东亚新秩序”的头号大敌。阿部信行的看法很简单：重庆国民党政府已不足为虑，主张对日抗战的共产党是日本的头号大敌。

1944年，中华民族的持久抗战历经艰难曲折，已看到胜利的曙光，中共中央及时地发出了积极为战略大反攻做好准备的号召。日本华北方面军参谋部加紧研讨所谓中国形势和“剿共方针”，在研究报告中论及中国抗战历程时，突出提到了“中共以毛泽东名义”提出的持久战“三阶段论”，不得不承认：“彼我抗争的经纬与国际战争、政治局面的推移，大体上就是沿着上述阶段过来的”；并且，“中共必然实施大反攻的概率很大”。这也不只是在华北的日军高层的看法。日本情报机构“大东亚省总务局总务课”，在同年编撰的《中共概说》中称：“对于第二次国共合作以后中共迅猛发展的步骤，大有注意的必要。”因此，该机构在这年专门编印了《毛泽东抗战言论选集》，将《论持久战》等5篇毛泽东著作全文译出，向日本当局“提供反映国共统一战线、抗日中国动向的宝贵资料”。

《抗日战争研究》1995年第2期发表了原载日本《This is读卖》杂志三笠宫的文章。三笠宫是昭和天皇的弟弟。1943—1944年，三笠宫亲王化名若杉参谋，广泛考察中国战场以后，对中国派遣军总司令部干部发表了讲话：《作为日本人对中国事变的内心反省》。他在这个讲话中列举日本自甲午战争以后侵略中国的事实，揭露日本军人的残暴行为，说日本对中国是“无所不取，掠夺殆尽”，特别指出共产党的军队“对民众的军纪也特别严明，决非日本军队所能企及”，在这种情况下，中共若不“猖獗”，“那将成为世界七大奇迹中的第一大奇迹了吧”。他还说：“在我看来，这样的日本军队，是无法与中共对阵的。”

以上三则例证，都是反映1940年后的历史事实，表明日本侵略者高层是怎样评价共产党、怎样评价国民党的，这也从反面说明了共产党是抗战时期一个领导中心，共产党是抗战时期中流砥柱。

（作者为中国社科院学部委员、中国史学会会长）

几个流行的民主化理论命题的证伪

杨光斌

近年来，一些国家的民主化进程，如埃及、泰国、乌克兰，正在挑战着我们已经习以为常的、甚至被当作“圣经”的民主化理论命题，诸如公民社会是民主政治的前提和基础、中产阶级带来民主、民主有利于民族和解等。

很多人习惯在“元叙事”上看民主，把一个国家的好坏都归因于民主。我们应该更专业地看待这个实在是太重要的现实问题，为此就需要以更敬业的态度去了解一个国家的历史与现实。

埃及民主化悲剧与“公民社会是民主政治的前提和基础”

公民社会与民主政治的正相关关系应该来自托克维尔的《论美国的民主》，他把活跃的乡镇自治和发达的公民团体活动本身视为民主。但是，所有热心于民主化的人似乎都忘记了托克维尔的“民情说”。美国所以能如此，是因为其地理位置、法治精神和公民守法而又关心公共事务的民情。换言之，一个可能的反论是，没有这种性质的民情，即使有了公民社会，这样的公民社会与民主何关?

其实早有答案，只不过很多人只是选择性地相信既有的智识成就，比如普特南在《使民主运转起来》中所讲的南部意大利的基于庇护关系而形成的“弱公民社会”并不利于民主治理。普特南这样的研究被埃及民主化悲剧所强化。其实，亨廷顿早在其《文明的冲突》中就对所谓的公民社会组织即穆兄会抱有警惕，认为这种社会组织不利于民主。但是，美国制定“大中东计划”的民主理论家和政治家置此于不顾，当2011年突尼斯、也门、利比亚、埃及、叙利亚等国发生政治事变之后，马上给予一个浪漫的封号“阿拉伯之春”。结果，以“阿拉伯之冬”收场。尤其是埃及政治，靠公民组织主导下的选举而上台的穆尔西政权，其政策甚至比威权主义的穆巴拉克更专横，结果城市中产阶级转而又搞大规模的街头政治。但这次中产阶级的街头政治要的不是民主，而是军政权。

埃及的现实告诉我们，公民组织是重要的，因为任何一个社会都需要一定程度的自治，任何政府都不可能管理好老百姓的所有日常事务。但是，公民组织的自治不等于民主政治本身，公民组织自治是地方性的，即地方或社区的公共性，而民主政治是全国性的，即全国的公共性，二者之间不存在简单的因果关系，更不能画等号，其中公民社会的“民情”或者说这个社会的根深蒂固的文化传统决定了公民社会与民主政治的样式和走向。

泰国政治难题与“中产阶级带来民主”

摩尔在《民主与专制的社会起源》中有一句“没有资产阶级就没有民主”，成为西方民主化理论的金科玉律。于是乎，西方民主化的经典理论就变成：经济发展推动工业化和城镇化，工业化催生了中产阶级，中产阶级自然要求民主。这是西方人根据自己的历史给出的一个高度抽象和简单化、也是有违其自己历史的民主化教条。西方民主化历史的真相是，资产阶级革命带来了精英民主，这不用质疑，但精英民主和革命前的贵族制、寡头民主也没有多少区别。真正民主化的到来则是1848年二月革命以后的事，最保守也是1871年巴黎公社以后的事，大众民主从此到来。也就是说，即使是欧洲的民主历史，也不是民主化教条理论所说的那么简单。因为理论的简单化，而简单化的理论必然有违历史本身，以至于就连亨廷顿这样的“先知先觉者”在《第三波》中也沿着摩尔的路线得出所谓“中产阶级带来民主”这样的命题。

而泰国的政治难题告诉我们，恰恰是城市中产阶级，构成了民主的反对力量。他们不停地搞街头集结，不推翻民选政府决不罢休。更为可笑的是，因为泰国的中产阶级占人口的30%，他们提出了极端荒谬的政治主张：70%的国会议员和官员靠任命，30%靠选举。在泰国这样一个城乡两极的社会结构中，中产阶级成为少数，必然是人头政治的输家。因此，此中产阶级非彼中产阶级，而中产阶级的政治诉求取决于其所处的社会结构，中产阶级与民主没有必然联系。

泰国是“没有资产阶级就没有民主”的反面教材。其实泰国并不特别。大量的历史和既有的研究已经告诉我们，有财富的阶级喜好自由，自由带来财产权。而且他们喜欢用脚投票，即哪里环境自由、哪里能发财就到哪里去，他们特别不喜欢一人一票的靠数人头的民主政治。什么人喜欢人头政治呢？什么人喜欢平等呢？当然是下层阶级、穷人和无产者。也正因为如此，西方政治思想上的主流理论一直是压制、妖魔化作为大众权利的民主的，托克维尔说的“多数人暴政”就是讲民主弊端的可能性。但是，当西方的大众、美国的黑人有了选举权以后，又没有出现托克维尔所担心的穷人对富人的合法剥夺，原因何在？在于宪法，在于法治，在于苛刻的制度安排，使得大众即使有了民主选举权也不能实行不利于富人的政策，民主变成了穷人4年一次的“嘉年华”，富人的隐忧消失了，穷人的心灵也得到了抚慰。

乌克兰悲剧与“民主有利于民族和解”

印度之所以是印度，即多民族、多种族的印度之所以能成为一个国家而不是四分五裂，就在于印度实行了民主政治。这是西方人最为津津乐道的。其实，印度之所以是一个统一的印度，还可能有更多其他的、更为重要的历史背景和政治原因，而不能简单地归因于代议制民主下的联邦制。一个更大概率、甚至普遍性的规律：正是由于民主运动，一个又一个新生国家诞生了。联合国成立时只有40多个会员国，而今天则有200多个国家和地区参加，其中民主化运动居功至伟。这是因为，民主主义和民族主义一开始就是一对孪生兄弟，民主化催生了欧洲最早的民族主义运动，反过来，民族主义运动又借助于民主化而得到强化。1950—1970年代的民族解放运动其实又是民族民主运动，大批亚非拉国家得以诞生。苏联解体、南斯拉夫解体，更是刚刚过去的历史，都是民主主义与民族主义的双重奏的产物。

乌克兰的悲剧进一步告诉我们，在存在种族冲突和国家认同危机的国家，即20%多的乌克兰东部的人亲俄罗斯、70%多的乌克兰西部的人亲欧洲的分裂型社会，选举民主动摇的是立国之本即国家认同。和泰国一样，乌克兰的分裂型社会结构决定了稳定的、和平的民主政治依然是期许之中的愿景。

民主政治与社会同质性条件的重要性

我一直认为，民主在价值上是公共之善，值得也必须追求；但是，民主更是一个现实中的工具性问题，即是一个政体问题，既然是政体问题，它和君主制、贵族制一样，必然存在内在的利益冲突性。原因很简单，民主是大多数人的政治，而多数人之间的利益很难一致化，而且多数人之间甚至可能存在对立性的种族或根本性物质利益的对立。因此，民主本身具有内在的张力和冲突性，这是我们必须务实地看到而不能选择性失明的。否则，正如很多历史上和现实中正在发生的故事一样，民主到来之后并不都是福祉，反而成为祸害。基于民主固有的张力和冲突性，实现民主的条件、尤其是同质性条件就不可或缺，特别是对一个大国、一个发展中国家、一个多种族国家而言。同质性条件至少应包括三点。

第一点是国家认同前提：这是连自由民主理论家达尔和林茨都反复强调的。民主只能在大家都接受的特定疆域内玩，各家各派都首先承认自己是一个国家的公民，否则民主就变成了分裂国家的工具。

第二点是基本的政治共识前提：现代国家是文化或观念多元化的政治生态，应该是多元一体，即存在最基本的、大家都能接受和认同的政治价值。否则，分裂型价值之争就会通过党争而强化，进而演变为分裂型社会，难以达成有利于公共利益的公共政策。自由民主理论家萨托利如是说，除非存在政治共识，否则多党制是很危险的。

第三点是社会结构的大致平等性与同质性：亚里士多德很早就指出了社会结构与政体的关系，即中产阶级主导型社会最为稳定。西方的民主化也基本是橄榄型社会形成以后的事。而在极化对立的社会，即贫富悬殊、教派对立的二元化社会结构之中，选举只不过是强化了社会结构的对立和冲突。在发展中国家，穷人居多数，有产阶级为少数，结果是有产阶级反对民主；而在教派对立的大中东，选举最终不过是强化多数派的主导权，因而选举非但不能抚平教派斗争的伤痕，甚至加剧教派分裂。

我们要反思的不仅仅是上述命题的正误，还有民主形式本身。和经济需要竞争一样，政治也需要竞争。但是，采取什么形式竞争？我们不能简单地否定竞争性选举对于西方民主的价值——尽管竞争性选举的背后其实是“党争民主”。它使得问题重重，但是这种对西方管用的工具对其他国家又是什么结局呢？对于缺少同质性条件的后发国家而言，人们向往民主，需要民主，因此学习民主、效仿民主搞“党争民主”。而党争必然以其特定的社会基础，即种族、宗教、阶级为平台。结果，党争民主很有可能导致分裂型社会。鉴于此，我们提出建设全面的、多层次的协商民主制度，实在是明智的、必要的举措。但是，也应该清醒地认识到，作为走向“公共之善”的最佳路径，协商民主制度是一种比选举民主要求更高、实行起来更难的理想型制度。

（作者为中国人民大学政治学系教授）

西式民主的泰国之殇

——兼析“选举式民主”水土不服的社会历史文化原因

杨光斌

民主无疑是人类最值得追求的一种善业。但是如何实践民主？冷战时期，为了对抗来势汹汹的社会主义运动和民族解放运动，即当时世界性的民主运动，美国人必须证明自己就是民主的典范。于是熊彼特建构了“选举式民主”——民主就是公民选举产生政治家的过程，如何立法和决策则不是民主政治的范畴。在两极对立的冷战时期，社会科学彻底二元对立化，有无“选举式民主”就成为判定有无民主的唯一标准。从南欧到苏联东欧、从南美到东亚-南亚的“第三波民主化”，其实就是纷纷搞了作为西式民主核心制度的“选举式民主”。泰国于1992年也搭上了这趟顺风车。

根植于异域的现代政治形式与自己根深蒂固的历史文化是有冲突的

包括泰国在内的40多个转型国家，为什么善终者少之又少？大多数国家要么陷于国家治理失效，如菲律宾、墨西哥；要么国家分裂，如苏联、南斯拉夫、乌克兰；要么出现周期性政治动荡，如非洲很多国家和泰国。这是为什么？

现代政治和传统不是二元对立的关系。作为现代化形式的西式民主是基于其两千年连续性传统的内生性演化而来，而文化传统完全不同的很多发展中国家照搬、移植一种外生性制度，自然会水土不服，成功者少有。

作为现代政治形式的民主首先离不开其特定的历史文化传统，比如法治至上和妥协精神。当2000年小布什和戈尔产生选举僵局以后，美国最高法院一锤定音，戈尔及其支持者心有不甘但接受裁定。这是现代政治与传统政治的经典再现，全世界对此印象深刻。不仅如此，老生常谈的话题是，选举式民主需要一些基本条件，否则就是政治动荡。美国著名民主理论家达尔语重心长地告诫发展中国家，“我一再指出，一个国家特定的基础条件和背景条件有利于民主的稳定，如果这些条件过于脆弱或完全缺乏，那么民主是不可能存在的，或者说，即使它存在，也是极不稳定的。”达尔讲的其实就是我们常说的民主的水土不服问题，“背景条件”是作为事物源头的“水”，即历史文化背景；“基础条件”是作为事物生命力的“土”，即现实条件。

达尔担心的结局一再出现。一套运行不错的政治制度，不但应该是内生性的，既有其历史文化基础，还应该具备一定的现行条件，否则就会因正因而生变果。这就是我们看到的世界政治，是选举式民主只在早发达的而且是以基督教为主的20多个国家搞得还不错、但到其他国家尤其是后发国家就变味的原因。都在实行同一个概念下的同一种形式的民主即选举民主，有的国家的选民是为了好的公共政策而投票，但这样的国家并不多见。更为常见的是，选举不过是为了一己之私，比如菲律宾为世袭封建制大家族利益而奔走，意大利南部的人为自己的“恩主庇护”而战，印度人为族群政党比拼，非洲国家为部族而流血，伊斯兰主义国家为“圣战”而选举……结果，为特定利益的选举政治发达了，牺牲的永远是民生和社会福利。共同的根本原因在于，根植于异域的现代政治形式与自己的根深蒂固的历史文化的冲突。外来的和尚念不好经。

泰国周期性动荡的原因很简单，选举式民主在泰国既与其历史文化传统相抵牾，又没有“基础条件”做支撑

泰国政治乱象只不过是众多国家西式民主水土不服的一个案例而已。自

1932年实行君主立宪制至1991年，泰国共发生大小军事政变19次。1992年民主化以来，军事政变依然是家常便饭，2006年推翻他信政权，2014年又推翻他信的妹妹英拉政权。泰国周期性动荡的原因很简单，选举式民主在泰国既与其历史文化传统即达尔所说的“背景条件”相抵牾，又没有达尔所说的“基础条件”做支撑，结果民主政治在泰国必然是一种难以自我运行的制度。

泰国政治的“背景条件”是什么呢？一句话，就是王室–军事集团组成的保皇派政治联盟，二者彼此需要，互为条件，形成了一个长达80年的生命共同体。泰国的现代政治起始于1932年军事政变所实行的虚位君主立宪制。此后在长达30多年的时间里，国王在政治上都靠边站。但是，随着城市中产阶级的兴起和人民政治权利意识的提升，军人政权越来越扛不住民众政治参与的要求。于是军人在20世纪60年代把国王推向前台，并在刑法中规定“冒犯君主罪”，使得国王从此享有至高无上的威严和政治地位。在1992年泰国民主化过程中，普密蓬国王又成功地调和了示威民众和军方之间的冲突，国王作为政治稳定器的作用进一步突显。但是国王的地位离不开军队的守护，而保证军人利益自然也就成为国王的优先议程。

也就是说，泰国这样的“背景条件”为以平等化为核心特征的选举式民主设置了一个前提，即王室–军人联盟凌驾在民选政府之上。在2006年推翻他信政府以后，2007年的宪法又废除了参议院选举，改为由国王和军队直接任命参议员；而参议院又任命总检察长及其属下的宪法法院。这样，民选政府头上又有了第二道紧箍咒，结果一个又一个民选政府被所谓的宪法法院判定违宪，2008年判决沙玛总理上电视表演厨艺违宪，2014年判决英拉总理任命自己的内阁成员违宪。

泰国的“背景条件”让选举民主产生的民选政府难以维系，“基础条件”的缺失让人民内部冲突不断

我们知道，选举民主是社会平等化的产物，因而其表现形式就是一人一票

的政治、法律和社会地位的平等权。西方国家搞一人一票的时候，基本上完成了工业化城市化，社会阶级以中产阶级为主。在中产阶级主导的大致平等化的社会结构里，人们的利益和观念有差异但不会是不可调和的，左右两派都是自由主义光谱上的不同级差而已。因此，社会平等化的一人一票并不会导致社会的紧张，密尔150年前所担心的“阶级立法”最终也没有在英国出现。

但是，在社会结构关系紧张而存在利益张力时，一人一票的平等权反而会加剧社会结构之间的紧张和冲突。原因很简单，一人一票是人头政治，人头多的阶层、集团将会确定性地赢得选举。在发展中国家，所谓人数多的阶层自然是农民阶层或草根阶级。不仅如此，不同于早发达国家的一族一国，发展中国家很多是多民族国家，民族矛盾尖锐，民族主义盛行，教派冲突严重。正如人们多次看到的，如埃及、伊拉克、伊朗以及乌克兰，一人一票的平等权导致的是多数对少数的压制以及由此而导致的流血冲突。即使在不存在教派冲突和民族主义的国家，平等的选举权也需要大致平等的社会结构为基础，但是泰国恰恰没有这样的社会结构。“选举式民主”是同质化社会中的平等化的产物，而在存在宗教冲突、民族矛盾的异质化社会和贫富极化的不平等结构的发展中国家比如泰国，数人头的选举政治必然会加剧业已紧张的社会矛盾，政治动荡难以避免。

结果，没有出现在早发国家的“阶级立法”则时常出现在发展中国家比如泰国。电信大亨出身的他信将他的生意经成功地用在政治营销上，其一系列政策让北部和东北部的农民受益匪浅，而他们正是选举中的大票仓。就这样，2006年他信的爱泰党以压倒性优势赢得第二次选举，原来政党、派系林立的众议院一下子变成了他信的天下。一党独大，其他政党的传统生存空间受到挤压，他们为此而恐惧，于是联合起来走上街头，以“街头政治”对抗“选举政治”。他信集团的高人气同样也威胁着王室–军事集团的传统地位，自然暗中支持街头政治，在混乱中发动了推翻他信政权的军事政变。但是，只要是选举，他信集团就能没有疑问地赢得选举，而其他政治力量则不妥协地选择街头政治，一次又一次的王室–军事–司法集团介入。泰国民主政治的结越系越紧。

在泰国这样的发展中国家，单靠选举式民主不但不能让人民满意，甚至已经失控

就这样，发生在既没有“历史背景”又缺少“基础条件”的泰国的西式民主一开始就水土不服，选举式民主越频繁，政治关系就越紧张。选举式民主没有提升泰国的国际形象和经济发展，而是相反的结果。

在这种背景下，各派都主张搞政治改革以稳定政局。但是，改革方案如何设计？占泰国人口30%的城市中产阶级提出“众议院议员30%靠选举，70%靠任命”，这一方案恰恰与泰国人口阶级比例相反，因此是反动的，行不通的。但是，简单地按人头的选举式民主也不会有更好的前景。这就需要双方的政治妥协和高度的政治智慧，彼此让渡自己的一些利益，甚至是核心利益。自己割自己的肉，谈何容易！城市中产阶级即便能和农民阶级达成妥协，第三方政治势力即王室–军事集团会自动退出政治舞台吗？至少我们局外人看不到这种希望。

泰国中产阶级所搭乘的第三波民主化这趟顺风车，已经把泰国拉向迷途。“选举式民主”最初是中产阶级推动的，而当底层民众通过“选举式民主”进入政治舞台而危及他们的利益时，“选举式民主”的推动者又转而反对民主。这就是政治的吊诡之处。

作为社会平等化大势的民主是不可避免的，但是，民主的本意还是人民主权，是事关人民幸福的大事业，因此不但民主的形式很重要，更重要的还有实质民主即人民得到什么，人民是否满意。在泰国这样的发展中国家，单靠选举式民主不但不能让人民满意，甚至已经失控。因此，时代呼唤制度创新，以新的制度形式来实现民主的善业。

（作者为中国人民大学政治学系教授）

中国崛起与文明型国家的逻辑

张维为

中国的崛起要在国际比较中才能看得更清楚

我们可以把世界上的国家分成三大类：第一类是发展中国家，第二类是转型经济国家，第三类是发达国家。把过去35年的中国和这些国家进行比较之后，我们就可以得出一些结论。

首先，与其他发展中国家相比，中国取得的成绩超过了其他发展中国家的总和。发展中国家最大的挑战是消除贫困。过去30多年，按照联合国的统计，世界上贫困的80%左右是在中国消除的。把印度、埃及、巴西、南非这些大的发展中国家的成绩加在一起，也没有中国的成绩大。现在我们国家提高了扶贫标准，贫困人口又变成了1亿多人。但实事求是地看，贫困不是光看现金收入，而是看收入加财产。中国是世界上为数不多的经历过土地改革的国家，我们的农民有地、有房子，如果把这些都算进去的话，我们贫困地区的很多农民，与许多其他发展中国家相比，大概都属于中产阶层了。

第二，与转型经济国家，特别是俄罗斯、东欧、中亚这些国家进行比较，基本结论也是一样的，就是说，我们整体取得的成绩超过这些国家成绩的总和。一个简单的数据就是，我们的经济在前30年，从1978年到2009年，增加了18倍。相同时期内，俄罗斯、东欧、中亚基本上是1倍。改革开放前，苏联经济规模比我们大，现在俄罗斯的经济规模只有我们的四分之一，而且俄罗斯的产业结构和苏联时期相比，没有太大的变化，主要还是靠能源和军工，而中国从无到有，从弱到强，形成了大量的新兴产业。

第三，与发达国家比较。国内很多人会说，中国和发达国家差距还很大。我在法国、瑞士生活了20多年，回到上海已经1年多了。我经常在进行比较。实际上有很多地方我们走在他们的前面了。就拿上海和纽约作比较，上海的硬件已经全面超越纽约了，无论是机场、港口、码头、高铁、地铁，完全是不同时代的作品了。软件方面也可以比：比方说上海人均寿命是82岁，要比纽约高4岁；我们城市的治安，比纽约好很多倍；我们的婴儿死亡率也比纽约低。实际上，我们整个发达板块，人口已经与美国相当，完全可以和发达国家比一比。我不是说我们各个方面都很好，我们还有很多问题，但是今天的中国确实已经没有必要仰视西方了，而应该平视西方。我们有一些地方不如他们，但确实在很多地方做得比他们好了，甚至好很多。这给我们带来了自信。

对于中国经济实力，可用三种方法来解读

一是把中国分成两大板块：一块叫“发达板块”，或者叫“准发达国家板块”，一块叫“新兴经济体板块”。这两个板块之间形成了高度良性的互补和互动。我觉得这是中国迅速崛起的关键。

二是用购买力平价（PPP）的方法。按照我们现在官方的正式汇率统计，2010年中国经济规模超过了日本。但是按照麦迪森的算法，用购买力平价来统计，实际上在1992年中国经济规模就赶上了日本。所以他当时预测，到2015年，中国经济规模应该超过美国。现在主要的国际组织，包括世界银行、国际货币基金组织，几乎都持类似的观点，就是按照购买力平价来算，5年之内，中国经济规模应该超过美国。如果不是按照购买力平价，而是按照官方汇率的方法，包括

每年人民币对美元升值3%–5%，那么10年之内，中国经济规模应该超过美国。

三是看中国人的住房。这个太重要了。尽管现在中国国内的老百姓对房价有很多抱怨，但事实上，多数中国人已经经历了一场财富革命，因为他们大都有自己的房子。财政部此前认为我国住房自有率为85%。我看到最低的估计也是75%。现在很多年轻人买不起房子，但他们的父母几乎都有房子，计划生育政策意味着这些房子以后大多要传给他们，所以在这个意义上他们也不是穷人了。和其他问题一样，在住房问题上，我主张先肯定再改进，也就是先肯定自己的成绩，再来自信地解决存在的问题。中国的问题都说得清楚，都有解。我在上海经常坐出租车，跟出租司机聊天，40岁以上的几乎都有房子。我估算他们平均有1.5套房子，净资产至少为200万元，甚至300万人民币，他们当然比50%的美国人富有，也比50%的欧洲人富有，但他们还认为自己是弱势群体。总之，如果把中国人的房产算进去的话，许多关于中国的排名都要发生巨大的变化。

中国作为文明型国家，主要有八个特征

中国是一个文明型国家。什么是文明型国家？就是一个5000年延续不断的古老文明，和一个超大型的现代国家结合在了一起。这样的国家，世界上只有中国一个。古埃及文明、古印度文明、两河流域文明都中断了。埃及的穆巴拉克说，埃及有8000年文明，但今天的埃及和古埃及文明没有任何关系，今天埃及人是后来移民过来的，语言文字也不一样，什么都不一样。而中国人绝大部分是中国土地上的原住民。

打一个不太准确的比方，中国就好像是罗马帝国，它没有解体，一直到今天。我用另外一个概念，叫“百国之和”，就是成百上千个国家慢慢整合起来的。我甚至有这么一个观察，我们内地三座典型城市的人群：上海人、北京人、广州人，他们的思维方式和生活方式的差别恐怕要大于典型的英国人、德国人、法国人。但是我们在一个文明区域生活了数千年，这种差异变成了一种

精彩，大家可以就互相的差异开玩笑。

文明型国家主要有以下几个特征。

一是超大型的人口规模。我们有的时候习惯了“中国世界上人口最多”这种说法。但仔细再想想，这不是一般的多。我们每年都有春运。2013年的春运有31亿人次，这是一个什么概念？这意味着把整个北美洲、南美洲、欧洲、非洲、日本的人口加在一起，一个月里面从一个地方移到另一个地方。人口的压力是中国面临的巨大挑战，同时也是中国巨大的机遇。做产业的人知道，在中国做到最大，在世界上可能也是最大的。海阔凭鱼跃，天高任鸟飞，什么奇迹都可能创造出来。

二是超广阔的国土疆域。我们现在的劳动密集型产业，在一般的国家，劳动力工资一提高，它就从沿海转移出去了。但在中国，我们是转移到内地，内地的基础也很好，所以现在内地在重复过去20年沿海地区的增长奇迹。

三是超悠久的历史传统。就是中国的任何东西都有很强的传统。我不说这个传统是好还是坏，传统是个中性的概念，要与传统一刀两断太困难了。比如说现在讲经济，中国的政府在经济中的作用可以追溯上千年，可以追溯到西汉的《盐铁论》。政府对铁和盐的税收等，甚至可以追溯到夏朝的大禹时期。我国人民对政府的期待和一般的西方国家是不一样的，自古以来政府在经济中就发挥重要的作用。

四是超丰富的文化积淀。中国文化的丰富性在世界上是少有的。我在欧洲待了20多年，欧洲最好的菜是法国菜，其次是意大利菜。我们中国有八大菜系。八大菜系中任何一个菜系拿出来，都比法国菜要丰富，因为八大菜系是“百国之和”的产物，而法国菜主要是法兰西一个国家的产物。其实，中国文化的方方面面都是这样丰富的。过去我们穷，不容易感受到自己文化的丰富和精彩。现在富裕起来了，就可以感受到了。比如说上海周围那些江南小镇，一个个都有上千年的历史，这是非常丰富精彩的文化财富。

五是独特的语言文字。基辛格在《论中国》这本书里讲到，中国人使用的语言，是3500年前由甲骨文延伸过来的。甲骨文是什么概念？就是比古希腊城邦共和国早1000多年，比古罗马帝国早近1500年的文字。这种文字，它的结构，到现在还基本上是一样的。比如说“孝敬”的“孝”，在甲骨文里就是老子在上面，儿子在下面。你说这是好还是坏？这不是价值判断，而是传统的一部分。

六是独特的社会。西方总是在说，你们社会发展了，社会就要和政府对抗，和国家对抗。但中国不是这样的。中国是“家国同构”的社会，国家是最大的家。所以我估计中国发展趋势是社会与国家的高度良性互动，而不是对抗，这种趋势已经出现了。

七是独特的经济。我引用复旦大学史正富教授的观点：一个战略性的中央政府，一个竞争性的地方政府，加上竞争性的企业，这三者合在一起，形成了三维经济，或者叫混合经济。还有一点特别要强调的是，政府能够进行中长期的规划。我们关心中国经济的话，都会关心五年规划的制定，关心中央每年的经济工作会议。这是体制化、新型的民主决策机制，经过成千上万次的上上下下的磋商，这种民主决策的质量，西方远远比不上，这一点我们可以非常自信。

八是独特的政治。西方现在对中国的批评，主要就是用民主与专制这个范式来论说一个国家是民主还是专制。但这遇到了很大的困境。它的预设就是，民主是好的，专制是坏的，而民主是什么，只能由西方来界定。但是世界上采用了西方民主制度的国家而搞得一团糟的比比皆是。所以我说，如果一定要把世界上的国家分成两类，那么只有两种，不是民主与专制，而是良政（good governance）与劣政（bad governance）。良政可以是西方的模式，西方有为数不多的国家治理还是可以的，而相当多的国家没有治理好，否则不会陷入如此严重的金融危机和债务危机。良政也可以是非西方的制度。我们中国大陆虽然有很多问题，但是整体的治理水平远远超过别的国家。同样，劣政也可以是西方模式。这一点非常重要。从伊拉克、海地、阿富汗，到现在破产的希腊、冰岛等，都没有治理好。劣政还可以是非西方的制度，如缅甸等。

对中国的未来，我非常乐观，中国崛起会产生很多影响

对中国未来的预测，我也是非常乐观的。过去30多年，悲观主义的预测都错了。有很多原因，主要是意识形态的偏见，放弃不了“历史终结论”的意识形态。我认为，10年之后，中国将成为世界最大的经济体。这个好像现在已经没有什么异议了。有人说，成了世界最大经济体也没有什么了不起，中国的人口是美国的4倍，照人均GDP一算，也就是美国的四分之一。但我觉得关键的关键，一个是经济总量、综合国力的变化，这是改变世界格局的；另一个情况是，我估计到那时候，中国中产阶层的人数应该是美国人口的2倍。我用一个美国人也可以接受的经济标准来界定中产阶层，因为世界上关于中产阶层没有统一的指标，我的经济标准就是一份相对稳定的工作，加一套产权房，包括所有的“房奴”（因为美国、欧洲的房奴比例比中国还要高）。我估计到那个时候，中国中产阶层的人数大概是6亿多，而美国人口是3亿多。所以这个时候情况将出现巨大的变化。西方到今天还不愿意承认中国的发展模式，不愿意承认1949年中国革命的意义，不愿意承认中国共产党的作用，这些都没有关系，我们有耐心。但如果10年之后，你还是不承认的话，那就解释不了中国的巨大成功。

我认为，世界秩序将从纵向秩序逐步转为横向秩序，所谓纵向的秩序，就是说西方在上面，其他国家在下面。这个“在上面”包括财富，包括思想。所谓横向的秩序，就是大家开始平起平坐，在财富上、在思想上都是这样。

中国崛起会产生很多的影响。我认为会形成一种新的范式变化：第一，良政和劣政这一范式将代替民主与专制这一范式，因为后者解释不了这个复杂的世界。第二，中国消除贫困的模式会影响整个世界。第三，中国的成功会激励越来越多的国家去探索自己的发展道路，这是非常重要的。

关于政权合法性、一党执政、腐败和普世价值等问题

关于政权合法性问题，一些西方人总是强调，你们不是多党制，不是一人一票选出来的，就没有合法性。这个观点太浅薄了。中国政权形成合法性的时候，美国根本不存在，英国都不存在。中国合法性的论述核心是两个概念，一个是人心向背，一个是选贤任能。人心向背是一种长远的眼光，人心与民心相通，与民意不完全一样。民意如流水，但民心大如天，民意可以变来变去，但民心是一个相对稳定的东西，是一个国家整体和长远的利益。

十八大期间，《纽约时报》约我写一个评论，谈谈十八大。我就写了一篇《选贤任能挑战西方民主》。看一下中国的政治局常委的履历，他们至少当过两任省委书记。我们一个省是欧洲四五个国家的规模。你要治理好之后才有可能拿到“入场券”，还不一定真能进。这是世界上最具有竞争性的政治模式，一种选贤任能的模式。

还有就是一党执政。很多人总是说，中国怎么总是一党执政啊？他们搞不懂这个情况。我们这个党，名字叫“党”，但和西方的“党”完全不同。西方的政党理论说简单是非常简单的，就是社会由不同的利益集团组成，利益集团有自己的代表，这就是多党制的起源，然后通过票决制，你51%我49%，你就赢了。中国历史不是这样的传承。我们可以说，两千来年的大部分时间里，都是统一的儒家执政集团执政。一个“百国之和”的超大型国家，它的中央政府不可能只代表部分人的利益。如果它像西方政党那样只代表部分人的利益，中国人民一定会抛弃这个政府。历史上的儒家执政集团，它也是代表国家整体利益的，它可以是真正地代表，也可能是不一定真正地代表，但它也要说它是真正地代表。像西方政党那样，只代表部分人利益，那在中国是行不通的。如果一定要套用一党制话语的话，那么过去两千多年里，至少90%的时间里，中国都是一党制，而其中四分之三的时间里——这也是国际上多数学者公认的——中国比欧洲要先进。工业革命之后我们落后下

来了，现在又真正地赶上来了。

还有腐败问题。中国腐败问题确实比过去严重。但是我们要注意中国是在财富爆发性增长的情况下，监管一时跟不上，这是一个过渡性、阶段性的问题。历史上没有一个大国，避免过这样的情况。但即使这样，现在别的国家，如巴西、印度、俄罗斯、乌克兰等等，他们的腐败情况都比中国严重。而且中国是一个超大型国家，我们可以分板块进行比较，我在意大利做过访问学者，意大利腐败肯定比中国严重。

还有所谓普世价值的问题。由于文化传统不一样，同样的价值，一个民族对它的重视程度、优先顺序不一样。在东亚，民调显示人们在各种价值中，普遍把“社会秩序”放在第一位。在美国，“言论自由”排在第一位。但是我去过美国很多次，美国是一个讲政治正确的国家，讲政治正确的国家怎么会有言论自由呢？我很好奇。

还有就是中国民众对国家发展方向总体上满意度很高。我们现在看到网上有很多文章，很多媒体天天恨不得说中国要亡国啦，国家解体啦。但你只要找出世界上任何一个社会学意义上的民调，如皮尤中心的民调，盖洛普的民调，或者是台湾大学的民调，或者是国内做得最大的零点公司的民调，其结论过去十几年情况都是一样的：第一，中国人是世界上对前途最乐观的，最低的时候也有75%的人对前途乐观。第二，中国中央政府在自己国家里威望很高，在世界上大概是最高的。从国家治理的角度看，这种态度给中央政府以巨大的回旋余地。

我以一个小故事来结束。十八大前夕，BBC采访我，这个记者比较资深，比较傲慢。他的第一个问题是，张教授啊，你认为中共还会有十九大吗？我说，你们有没有想过，你们对中国的政治预测为什么老是出错？我都想不起来哪次是对的。我说，本人订阅你们的《经济学人》杂志有15年了，如果叫我打分的话，关于中国的政治预测，它只能拿C-。就这么个水平，预测了半天还不如我一个人预测得准。我说你最好花时间研究一下中国历史，4000年朝代史。中国历史上一个“好朝代”的寿命至少250年，比美国历史都长。所以中国今天的崛起，还是崛起的初级阶段，更精彩的故事还在后面。

（作者为复旦大学中国发展模式研究中心主任、上海社科院中国学所所长）

民主是一种妥协
——妥协未必是民主的，但不妥协绝对是不民主的

韩　震

从西方和发展中国家的民主实践看“民主是一种妥协”

10年前，我曾经提出民主“按其本意，就应该是一种妥协之道”（见《作为社会妥协的程序机制的民主》，《新视野》2004年第3期）的观点。在我看来，民主不是被用来赞颂的神圣对象，而是人们为了过尽可能公正的社会生活而达成妥协的某种程序性制度安排。近年来，西方民主政治运作中利益博弈争斗的劣质化，有些发展中国家仓促走入西方民主模式而陷入混乱的尴尬局面，都证明了我过去思考的预见性。

2013年10月，美国民主党和共和党在债务上限问题上的争斗，导致政府关门长达半个月之久。许多国家由于利益集团互不相让，政客之间不问是非，只考虑以党派划线，利益集团之间相互倾轧，因而面对金融危机、财政困境和经济下行等问题，政府无法拿出像样的具有长远和战略考虑的政策，甚至有些政府处于实质上的停摆或无效状态。以致弗朗西斯·福山不得不大幅修正自己的所谓历史终结的观点，反而提出构筑“强政府”的价值目标。

再看许多发展中国家，西式民主不仅没有给他们带来福音，反而陷入更加

复杂的乱象。譬如，阿富汗、伊拉克、利比亚、埃及都不同程度地陷入了混乱。伊拉克的民主无法填平什叶派、逊尼派、库尔德人之间的矛盾，埃及的穆斯林兄弟会也与军方陷入了殊死的争斗，利比亚在除掉了强人卡扎菲之后陷入了不同部落之间的争斗。这些争斗不仅使社会陷入混乱，而且给极端恐怖分子的发展留下了空间，基地组织没有被消灭，反而新出了一个更加危险的“伊斯兰国”。“阿拉伯之春”得出的结果就是更加严酷的“阿拉伯之冬”。即使在比较平和的泰国，毫不妥协的“民主争斗”也使社会被撕裂，国民分裂成势不两立的两派，谁也不考虑社会整体的利益。结果是双方都失去了妥协的空间和协商的退路，这派上台后黄衫军围城，那派掌权后红衫军上街，搞得国无宁日。在输入西方民主的国家和地区所发生的街头政治，也背弃了民主的妥协性而日益呈现民主劣质恶变。

为什么说真正的民主应该为利益协商和妥协留有空间

民主本来是社会成员之间为了达成利益妥协而安排的某种妥协程序，以便能够实现某种公共生活。真正的民主模式应该让社会各种力量进行协商，以便达成利益的妥协和平衡，而不是进行零和博弈，以压倒和战胜对方为目标。西方民主模式越来越远离妥协的可能，把不同力量的协商变成了非此即彼的恶斗。我们必须认识到，西式民主只是民主的一种形式，而不是民主本身。真正的民主应该为利益协商和妥协留有空间，以使社会在和谐与建设性氛围下前行。

首先，由于生存境遇和认识角度的不同，人们的意见是不可能完全一样的，在社会分工和社会结构日益复杂的情况下更是如此。因此，民主需要持不同意见的人们之间的妥协，形成某种多数人可以接受的“社会共识”。社会共识不是社会全体成员的意见和观点的一致，而是达成某种相互妥协的方案。在形成社会共识的状态下，人人都无法完全实现自己的目标，但是可以通过协商、交换和说服实现部分的目标。如果认为民主就是达到人民思想的完全统一，那是非常危险的。这可能造成一部分人通过所谓“公意”的目标而压制不同意见，从而走向事实上的专制和暴政。

民主显然是通过民意投票计数而实现的多数或多数代表的治理。民主需要民意投票计数获得授权，但是民意投票计数之后仍然应该有相互之间的协商和妥协，否则胜利一方就可以“合法地”依据多数的优势而制裁少数，从而成为托克维尔所说的“多数暴政”。政治精英依靠多数获得授权，但是他不应该只为多数的利益行使权力。政治家必须掌握妥协的理念和协商的耐心，否则社会就没有对差异的宽容。如果没有对差异的宽容，民主也就失去了它的意义。

其次，民主应该是社会各成员超越彼此之间的隔绝状态，从而形成公共生活空间的形式。民主不能是人人各自为政和离群索居，而是构成某种类似生命机体的社会存在。就其语义学意义，民主应该是“人民治理”。但是，人民直接、平等地参与，恐怕只是一种理论上的理想，现实的民主只能是某种妥协所形成的参与感。因此，民主制度应该使不同的利益阶层达成某种妥协，以便使各个方面都获得某种在场，至少应该获得在场的感觉。民主的在场，就是通过妥协使大家或至少大多数都获得在场感。

不同的阶层都需要自己的代表，这样才能实现自己的政治在场感。美国宪法本来也是充满妥协的文本。例如，众议院按人口分配，参议院每州两席，就是实现照顾大小州不同利益的“伟大妥协”（Great Compromise）。通过妥协，实现了美国历史的生成性进步。但是，西方民主却越来越远离了协商和妥协，陷于政治的争斗之中不能自拔。

最后，民主制度赖以存在的理由之一就是能够容纳差异和批评。民主制度之所以为人们所追求，不是因为它可以消弭差异，实现完全的一致，而是因为它可以在平等对话的框架内实现差异之间的妥协，从而包容了差异。不仅差异的存在以及承认这种差异的不可消弭是支持民主的一个重要理由，而且民主制度就是为了保护这种差异状态。民主就是在对话和妥协的框架下达到“和而不同”。

西方国家把自己的特殊民主模式看成是普世的东西，这本身就违背了民主的协商、妥协本质，因而也让自己陷入了无法解决政治冲突的境地，最终政府成为无所作为的“弱政府”。

虽然某些传统的民主理论往往把差异看作是实现真正民主国家的障碍。但是，既然人们存在着差异，那么差异正是促使人们追求平等权利和民主的东西。民主就是为了不同的人有平等的权利来表达自己的意见，维护自己的利益。如果没有差异，民主就成为没有实际意义的东西。正如第三产业的从业人员不能把自己的利益看作全体人民的利益，否则第一、二产业的人们就成为被压迫者。妇女在制定劳动法时应该有自己的发言权，否则就是歧视妇女。平等不是强求同一，强制实现同一也不是民主，而是独裁或极权。民主不是依靠多数人的力量消弭差异，而是差异之间的平等对话和妥协之道。

不仅一个社会内部的民主是建立在容忍差异的基础上，而且国家之间的平等关系也必须容忍差异。如果一种文化宣布自己这种文化是唯一的文明，那么这就不是民主的态度。同在民族国家范围内一样，不同国家之间的关系，也不应该建立在消弭差异的基础上，而应该建立在差异的对话之中。通过消弭差异而实现的一致，只能导致压迫性的、不平等的国际关系。

只有妥协还不行，民主制度需要稳定、可靠的程序

当然，只有妥协还不是民主的，民主制度需要稳定、可靠的程序。民主是一种通过民意的多少而决定政策走向的治理，也就是说是依靠人数的优势获得决策权。如果没有权威而公开的程序，就不能实现计数授权的过程。如果没有程序的限制，某些野心家或许能够通过煽动而任意改变程序，从而破坏整个民主制度。遵循程序而获得的人数优势，赋予治理以合法性。

程序会使某些政府决策采取渐进的方式，从而避免莽撞和冒进。民主程序可以通过减缓巨变的震荡，避免更大的灾难。这符合历史稳步发展和文明进步的一般规律。

以渐进的或妥协的方式应付社会问题似乎缺乏理性，但经过仔细考察就会

发现：在一个充满不确定性的世界里，要进行重大的变革，通过协商和妥协的方式逐渐解决问题，却是一种非常理智的方式。幻灭来自幻想，造成幻灭的不是现实主义，而是理想主义。历史上为人类带来灾难的决定，往往是那些没有民主制约和缺乏妥协精神的专制者作出的。

有了妥协的程序，民主才会获得尽可能多的人的支持，从而形成民主的社会氛围，促进社会和谐。实际上，在现实中，政策如果不被舆论支持，它就没有任何作用。假设一项政策得到90%的人赞成，另外有10%的人反对，那么该政策就应该在讨论过程中得到某种修正，以给予10%的人群某种妥协，使他们的权利得到某种尊重。当然，这种妥协、修正是建立在法治的基础之上的，遵循民主的程序。随着赞成与反对人数差异的缩小，妥协的可能空间就应该更大。例如，如果是51%对49%，那么程序就应该保证少数人获得尽可能大的妥协空间，否则就容易导致社会的分裂。民主应该有这样一个随着差异观点人数的变化而实现不同程度妥协的程序性或制度性的安排。

（作者为北京外国语大学党委书记。）

西方民主政治为什么缺乏普适性

林尚立

现代政治形态，源于西方，中国在经历了实验和探索之后，最终选择了社会主义制度；在综合现代西方政治文明、社会主义制度以及中国现代国家形态的基础上，创立了中国现代政治。面对现代中国政治，世人常常产生这样的困惑：中国现代政治，到底是西方的，还是中国的？是应该按照西方的逻辑走，还是按照中国的逻辑走？我们的答案是：应该从中国出发把握中国政治。我们首先要解释的一个问题是——现代政治文明是从人类文明出发，还是从西方文明出发？

民主在不同的国家，应该有不同的表现形式，其所蕴含的普遍性，不是西方民主形式的普遍性

对于人类政治文明史，人们常用由“民主”与“独裁”组成的一双眼睛来观察和透视，并由此来简单判定古代政治与现代政治、东方政治与西方政治的差别。从美国著名政治学家亨廷顿《第三波——20世纪后期民主化浪潮》的分析和判断来看，源于西方的民主化已成为现代政治文明的主流。面对起源于20

世纪70年代的第三波民主化浪潮，他发出了这样的感慨：“今天，千百万以前曾在独裁专制统治者下受苦受难的人生活在自由之中。此外，由于历史上民主国家与民主国家之间不发生战争，和平地带也得到了大大地扩展，国家间冲突的可能性也大大地降低。民主制度在如此短的时间内急速成长，毫无疑问，是人类历史上最壮观的，也是最重要的政治变迁。”对于这种政治变迁的未来命运，亨廷顿给出了十分自信的回答：“第三波的一个成就就是使西方文明中的民主获得了普遍性，并促进了民主在其他文明中的传播。如果第三波有一个未来，这个未来就在于民主在非西方社会的扩展。”“在正在兴起的经济发展的浪潮的推动下，每一波浪潮都比前一波进得更多，退得更少。套用一种比喻的说法，历史不是直线前进的，但是当有智慧有决心的领导人推动历史的时候，历史的确会前进。”

在此，亨廷顿以非直接的方式表达了一个坚定的信念：民主最终一定战胜独裁，西方文明的民主一定会成为世界普遍的政治形式。然而，民主在当代人类文明发展中的理论与实践表明，亨廷顿坚定的信念一半是对的，另一半则是错的。民主最终一定能够战胜独裁，但战胜独裁的民主，并不都是“西方文明中的民主”。从实践上看，西方国家二战后所致力的民主输出实践，许多时候传播的是西方的民主理念与制度，种下的却是分裂、冲突与战争的种子，无数百姓不得不承受民主所带来的民不聊生的代价；从理论上看，民主虽然最先出现在西方，但其本质却是人类自我解放的历史必然，西方只是这种历史必然的第一种表现形式，但绝不是唯一的形式。民主在不同的国家，应该有不同的表现形式，其所蕴含的普遍性，不是西方民主形式的普遍性，而是民主所体现的人类自我解放的普遍性。

民主是从人类发展的内在逻辑出发的

有一个事实是谁都否定不了的，即民主是现代文明的基本标志，自然也是现代政治文明的根本体现。至于为什么是这样，答案和理论多种多样，相对而言，马克思的回答更为深刻和科学，因为它是从人类发展的内在逻辑出发的。马克思认为，人与动物的基本区别就在于人拥有意识，而正是这种意识使得人所拥有的动物性欲望上升为追求自由的生命意志，这种生命意志决定了人类发展的历史过程是不断追求自由的过程，即人不断摆脱自然与他人（社会）所带来的束缚的过程。在人尚未有充分的能力摆脱其中任何束缚的时候，人为了生存，都依附于一定的共同体。人的这种存在塑造了人类的古代历史。但随着经济与社会的发展和个体独立生存能力的不断增强，人就逐渐摆脱了对特定共同体的依赖，获得了独立自主存在的社会与经济基础。这是人的类本质的重大变化。这种变化开辟了现代历史，形成了现代社会，建构了与现代社会相适应的现代国家。现代国家与古代国家的最大区别在于：随着个体独立所带来的私人生活的抽象，国家也从社会中抽象出来，与社会形成二元结构关系。现代政治制度就是二元存在的国家与社会相互适应的产物。

西方思想家往往都是从个体独立及其所决定的市民社会来解释现代民主的由来与必然性的，但相比较而言，马克思的理论更加彻底。因为，马克思并没有因为肯定个体独立与现代社会是现代民主的基础，而将民主的内在必然性确立其上。马克思认为，人类建立国家的目的，是为了借助这第三种力量来解决自身的矛盾与冲突，因而，从根本上讲不希望作为人类的作品的国家异化为奴役人类的力量。这决定了人类在创立国家的时候，就天然地要解决人对国家的驾驭与控制，从而使国家真正掌握在其创立者，即人民手中。由此，马克思认为，国家制度是人的自由产物，这才是国家制度的本来面目。既然如此，体现和保障人的自由的民主制度，就是作为一切国家制度的本质属性而存在的。这样，在马克思理论中，“民主制是作为类概念的国家制度”，存在于各国的国家制度，本质上都不过是民主制度在具体国家的具体体现。即使是君主制，其本质也不过是民主制度缺失而产生的一种变种。基于此，马克思的结论是：“一切国家形式在民主制中都有自己的真理，正因为这样，所以它们有几分不同于民主制，就有几分不是真理，这是一目了然的。”

现代政治文明被彻底模式化为西方政治文明，其他国家与社会自然也就失去了主动性、创造性与发言权

到这里，我们可以看到，现代政治文明的出现是人类自我解放和发展的内在必然。换言之，只要人的自我解放发展到一定程度，就必然将作为一切国家制度真理的民主制呈现为现实的制度形态。因而，现代民主制之所以首先在西方出现，并不是西方文明创立了民主制度，而是西方社会相对超前的变化与发展，使民主制度首先在西方社会被呈现出来。

然而，西方在民主上的历史首创性，很快就扭曲了民主制与人类文明之间的关系，因为西方的思想家和政治家都普遍地要利用这种历史首创性，将西方创造的民主制度变为人类现代政治生活的普遍模式，其具体手段是将西方民主制度内含的价值和原则抽象为人类的普遍理性，使之成为放之四海而皆准的现代政治的精神与原则。在这种抽象中，不仅人从具体的人变成了抽象的人，而且使所有国家和社会的历史与文化都从具体的存在变为抽象的存在。于是，现实的政治实践，不是从现实出发，而是将带有先验性的西方政治精神与原则标准化地注入具体的国家与社会，改造每一个活生生的个体。借用恩格斯的话来说，这些西方的思想家与政治家将西方的民主视为“绝对真理、理性和正义的表现，只要把它发现出来，它就能用自己的力量征服世界”。于是，基于人类本质属性而发展出来的现代政治文明被彻底模式化为西方的政治文明，在这其中，其他国家与社会自然也就失去了主动性、创造性与发言权，只能等待缘起西方的民主浪潮的洗礼。亨廷顿的“第三波”概念就包含着这层意思。

现代政治文明不应寄托于源于西方的民主发展第四波、第五波，而应寄托于各种非西方模式的民主实践

民主是现代文明发展的必然要求，但这绝对不等于民主在现代文明中的发

展是一种模式化的发展。这其中的道理很简单，国家依然是现代文明建构与发展的基本单位，而国家及其所对应的社会是具体的，有自己的历史与文化，有自己的发展方位与议程。然而，这很简单的道理并没有在现代政治文明的建设与发展中得到充分的尊重与遵守，不仅代表西方文明的西方社会如此，许多发展中国家在具体的实践中也会自觉不自觉地失去自我，依附在西方的模式之下。于是，西方的民主模式不仅成为现代政治文明的直接表达，而且成为各国现代政治建设与运行是否具有合法性的基本尺度。西方社会将这种局面视为理所当然，并为此骄傲自豪。然而，现代政治文明却因此而危机不断，因为，民主的模式化似乎加速了民主的推广，但实际上往往成为直接摧毁国家或社会内在结构或转型进程的力量。

现代政治文明得以健康发展的关键，不应该寄托于源于西方的民主发展的第四波、第五波，而应该寄托于各种非西方模式的民主实践。民主生成方式、组织方式以及运行方式的多样性，是现代政治文明生命力和创造力的根本所在。从这个角度看，中国现代民主政治的建构实践及其所形成的中国特色社会主义民主政治，对人类现代政治文明的发展有重大的历史贡献，其理论意义和现实价值，值得世人关注和研究。

（作者为复旦大学副校长）

中国民主的巨变与走向

杨光斌

民主观念在中国的传播已经有100年以上的历史了。尤其是1978年以来的改革开放，不但是经济上的，更是政治社会上的深刻的结构性变化，其中民主政治的成长轨迹更值得书写。

民主观念的成熟化

就民主观念而言，从官方到学术界，都有一个从简单化到复杂化的过程，从一种民主形式到多种民主形式的认知过程的演变。这个知识论意义上的变化往往与政治实践分不开，而这个政治实践不但是自己的，还包括其他国家民主政治的经验教训对中国人的启示。具体而言，中国民主观念，从20世纪八九十年代的单维度的选举论，演变为21世纪之后的国家建设语境下的民主形式多元化的多维度论，我们熟悉的自由、自治、法治、分权、参与、协商等，都是民主政治的应有之义或“原本形态”。这看上去是“量”的变化，其实是“质”的变化，即涉及中国政治的属性问题。

按照以竞争性选举为根本标志来划分民主与非民主，中国似乎不是自由民主意义上的民主政治；而按照多维度论来审视中国政治，中国当然属于民主政治。多维度的民主观，恰恰是符合大国国家建设复杂性的特性。试想，如此大的国家，以一个维度来衡量政治性质，即政治的好与坏，完全不符合国家建设要处理的多维度的复杂关系，一个大国怎么可能一选了之？其实，也正是因为把单维度的民主形式等同于一切，甚至代替了复杂性的国家建设，很多发展中国家就因此陷入困境而难以自拔，我们熟悉的印度、巴基斯坦、孟加拉国等，莫不如此。

所以，观念很重要，而变成思维方式的观念更重要。中国的实践，第三波民主化，尤其是“阿拉伯之春”之后的世界政治实践，都使很多中国人的民主观念开始复杂化起来，也可以认为是开始成熟起来。中国人固然要搞民主，但有一个要什么样的民主、怎么搞民主的判断，很多人已经不再把以党争为核心的西式民主奉为圭臬。中国人的民主观念发生了“巨变”。

民主形式的多样化

一个有趣的发现是，自改革开放以来，如果以10年为一个政治周期，每一个10年都有标志性的、新的民主形式出现。集腋成裘，它们都成为包容性社会主义民主政治制度的一个组成部分。

第一个10年即从1978年到整个20世纪80年代，主要的民主形式是选举民主，并培育了协商民主。1979年修改的选举法，旨在落实差额选举。在思想解放运动的推动下，差额选举成为1980年代最引人注目的民主形式。到1986年换届选举时，全国绝大多数副省级职位的产生都实行了差额选举，而且中央委员会的选举也第一次实行了差额选举并延续至今。在实行选举民主的同时，也在培育协商民主。十三大则明确提出建立社会协商对话机制，以此而纾解社会矛盾。“社会协商对话机制”其实就属于我们今天所熟悉的协商民主。

第二个10年即20世纪90年代，主要的民主形式则是基层民主即村民自治。

1983年人民公社体制解体以后，农村曾一度处于一种“无政府”状态，社会秩序很乱，税费收不上来。怎么办？广西的农民自发地、首创性地搞出了一套自我管理的村民自治制度。村民自治制度成为90年代官方和学术界的显学，政治学不研究村民自治似乎就没有了出路。之所以有这样的宰制地位和乐观主义情绪，是按照英国式民主的逻辑来看中国政治，即先有村镇民主，再逐渐往上推演。到了新世纪，村民自治研究开始式微，因为中国政治不但没有按研究者预期的逻辑去发生，就是在实行了基层民主的农村，反而出现了普遍性的村政衰败现象。内在原因何在？其中固然有村与政治环境的关系，更重要的是有村民的民主选举而无村民的民主自治，即选举完后没有治理权。不得不说一句，村民选举是一种自发的制度创新。

第三个10年即2000年—2010年，网络民主、党内民主、协商民主多头并举。制度变迁充满非预期性，谁也想不到1992年开放的互联网平台在10年之后变成了互联网民主，这是对中国民主前所未有的挑战，当然也是发展中国民主的机遇。互联网民主让民意直达中南海，互联网再度复活了现代国家因规模问题而消失的直接民主。技术改变了民主形式，与此同时，作为一种闻所未闻、前所未有的新民主，其挑战性当然也是来势汹汹。

如果说互联网民主是一种技术革命带来的自发而非预期的民主政治，党内民主则是一种顶层设计和民主建构。从乡镇直选实验，到乡镇公推公选，再到各级党委的民主测评，都是在2004年十六届四中全会之后推动的。改革开放已经带来三个深刻变化：社会结构发生了深刻变化，观念发生了深刻变化，利益结构发生了深刻变化。为此，加强党的执政能力成为当务之急，而党内民主被当作首选之策。党内民主原则伴随着整个党史，其间有好有差，而这一时期党内民主则变成了选拔干部的一种普遍制度，其积极性毋庸置疑。

伴随着互联网民主和党内民主，一个新的民主概念导入中国，那就是被中国人转化为协商民主的“审议民主”。中国人兴奋地发现，被外国人奉为一种民主理论和民主形式的审议民主，其实就是中国一直就有的协商政治，比如“三三制”、群众路线以及广义上的统一战线，而且协商政治正是共产党取得胜利的法宝之一。理论上有说法，历史上有实践，从此协商民主成为中国民主建设的显学。

第四个10年即2012年—2022年，推进国家治理现代化。我们看到的世界政治现象是，很多国家的民主形式越发达，问题和难题反而越多。原因在于，尽管民主是一种价值，民主毕竟还有工具性属性；作为一种工具，民主是用来搞利益分配的，必然伴随政治斗争乃至流血的斗争。结果，正如研究印度的民主理论家所说，恰恰是印度民主社会最发达的二十几年来，印度的治理变得更差了，出现了奇怪的“民主悖论”：“1947年的最初几年里，民主政府运转顺畅，恰恰因为它不是发生在一个民主社会（意指政党林立，公民组织发达——作者注）中；随着民主社会的慢慢出现，加上真正的政治平等意识的传播，它已经使民主政府的运转更加困难。”这实在是我们不愿意看到的结论，但却不是局限于印度的，而是发展中国家的普遍现象：当一个群体最终安定下来并决定按规则行事时，其他新兴的鲁莽群体则以平等的名义公然违抗规则。

民主很重要，治理更重要

由此给我们的启示是，民主是重要的，但更重要的是国家治理。为此，在党的十八届三中全会的决定中，明确提出了“国家治理体系和治理能力的现代化”。国家治理体系的现代化当然包括现代性政治的一些基本特征，比如民主问责、权力有限、大众参与、自由、市场与法治等，但这些形式的现代化说到底要通过治理能力来实现，否则发达的政治形式只是治理的羁绊，而治理能力现代化则要求中国这样的巨型国家必须有很多发展中国家所没有的强国家能力。因此，用学术语言来概括，中国的改革要以“有能力的有限政府”来推进国家治理现代化。

这就意味着，未来改革即到2020年的取向是：国家有能力、权力有边界、权力受约束。需要指出的是，有能力的有限政府其实就意味着权力的人民性和治理主体的人民性，权力有边界和权力受约束就意味着，人民与市场主体的权利范围更大了，人民的自主性事实上也更强了。

（作者为中国人民大学政治学系教授）

中国究竟需要什么样的经济学

杨光斌

经济学和政治学本来是一家子的事，因此政治学家自然关注着经济学家之间的事。恰巧最近有一场“市场派”代表张维迎和“政府有为派”代表林毅夫之间的争论，在我看来大体就属于作为书本知识的技术知识与作为人生智慧的实践知识之间的争论。

亚里士多德把知识分为两类，即技术知识和实践知识。技术知识是书本上的，而实践知识则是一种人生智慧。

在我看来，动辄“回到斯密”“回到哈耶克”“回到×××”之类的观点，难免是简单得不能再简单的“技术知识”，往往是不愿意面对中国，不愿意“回到中国”。拿某个人的虎皮做大旗，如果是在20世纪80年代、甚至是90年代，还能糊弄一些门外汉，今天这种做法则显得很不合时宜了。不仅如此，就是对于书本上的“技术知识”，也需要言之有据。说什么“儒学是私学而非官学，否则就发展不起来”，这种说法完全不符合中国政治思想史，儒家思想如果没有变为官方思想，怎么能有如此巨大的影响力？思想通过政府这个组织化中介机制的传播，进而变成正式制度即所谓的制度化，形成正式制度下的延伸品即非正式制度，这个思想才能有持续性的巨大影响力。这可是正宗的新制度经济学的道理。斯密的思想是这样，哈耶克的思想是这样，孔子的思想更是这样。所以，即使讲“技术知识”，也不能想当然。不仅如此，当辩论政府与市场的作用而扯到孔子时，本身就已经非常不专业了。

搞微观经济学的大概都不喜欢“政府有为”之类的主张。但是，一直盼望印度超越中国的中外学者为什么总是失望？就在于只是从微观的市场主体即企业来看问题，没有认识到企业下面有社会结构，企业上面有国家能力，社会结构和国家能力是目前的新古典经济学所计算不出来的，死守西方主流经济学也就必然看不清中印两国因社会结构和国家能力的差异而带来的命定式差异。经济学是不是应该借鉴点政治学的常识？经济学不是简单的经济学，至少是政治经济学；经济学不但是政治经济学，还是历史社会学。在这一点上，林毅夫的高度不是一般人能企及的。

我因从事比较政治研究，需要对林毅夫的文字作品有了更多的了解。毫无疑问，其在世界银行的经历对于其创作《新结构经济学》很重要。也就是说，亲历广大落后国家的现状与听说发展中国家的现状会有完全不同的感受。不仅如此，林毅夫还有纵向的世界史即基于世界经济史的关怀：从来没有后发国家按照当时的所谓主流理论而走进发达国家行列的。

林毅夫教授讲的其实就是“常识”。“常识”就在那儿，就看你能否发现。发现“常识”都是重大发现，如牛顿从苹果掉下来而发现万有引力，而一般人则只是吃掉苹果。同理，犯常识性错误都是大错误，比如历史上曾经搞过的跑步进入共产主义的“大跃进”。

我提醒所有市场原教旨主义者和制度经济学家，应该注意到这样一个“常识”：世界上共有12个人口过亿的国家：中国、印度、美国、印尼、巴西、巴基斯坦、孟加拉国、俄罗斯、尼日利亚、日本、墨西哥和菲律宾。除了发达国家即美国和日本，有哪一个发展中国家因为实行了代议制民主和所谓的“回到斯密”而变得比中国更好？

在经济发展上，不是比中国好的问题，而是比中国差多远的问题。在人口过亿的发展中国家，除了中国之外，俄罗斯和巴西也都把斯密抛在脑后而有点凤凰涅槃的态势，要知道它们在20世纪90年代确实曾“回到斯密”，结果几乎是国家破产，俄罗斯的损失比美国1929年大危机的损失还严重。处于政治上代议制民主而经济上又“回到斯密”的印度、菲律宾、墨西哥，其前景又如何呢？更别说尼日利亚和巴基斯坦，至少目前还看不到好过中国的希望何在。

理想是美好的，但问题是谁家的理想？现实是残酷的，残酷的现实只能属于社会大众，而残酷的现实又来自历史。因此，作为政治学家，本身并不在乎经济学家之间的故事本身，我要追问的是故事背后的迫切问题：中国到底需要什么样的经济学家？毫无疑问，中国需要的是有历史文化认同、从中国出发、有中国身份意识的经济学家，这样的经济学家不再是一般账房先生式的经济学家，而是经济思想家。

中国为什么没有经济思想家，而非西方世界的其他族裔却人才辈出？俄裔美籍经济思想家格申克龙之所以有着世界级的成就，就是因为其基于自己祖国的历史关怀，即在落后国家现代化中组织和国家的重要性，从而提出了影响深远的“后发优势论”。该理论认为国家发展得越晚，其组织和制度就越重要，从西欧到中欧再到半个东方的苏联，历史就是这样走过来的。

印裔经济学家阿玛蒂亚·森的成就更是让人敬仰，他从自己祖国即印度的不平等的社会结构所导致的人的能力严重不平等的现实经历出发，提出：经济发展应该以自由为取向，而自由则是人的能力的实现问题。其中，国家在发展人的能力中的作用至关重要。这样，在我看来，传统的“发展型国家”理论从国家主导经济发展演变为国家主导下的人的能力的发展。也就是说，对于后发国家而言，无论是经济发展还是作为自由的人的能力的发展，都不能离开有能力的国家。

格申克龙和阿玛蒂亚·森的理论似乎为中国量身定做，但是我们为什么没有这样的经济思想家甚至还无视这样的经济思想家？说到底，是因为有的经济学家忘记了自己的身份，忘记了世界上有一个国家叫“中国”，却只乐意做新自由主义的学徒。2008年金融海啸之后，这样的学者在世界上早就集体失语，没有话语权了，但是他们为什么在中国还敢大呼小叫？

我个人认为，在中国的经济学家群中，林毅夫教授最接近格申克龙和阿玛蒂亚·森，而市场原教旨主义者几乎失去了“中国”这个“身份意识”。我们当教授的常常对学生讲要有“问题意识”，如果连自己的身份都搞不清楚，不是基于自己的历史文化来想问题，何谈“问题意识”？没有“身份意识”的问题难免是伪问题。结果则是把别人的问题当成自己的问题，以别人的标准来衡量中国，结果中国即使是做对了也被说成错了。要知道很多发展中国家活生生地被“说”上了歪路、邪路。这里，不得不指出社会科学的根本性质：社会科学包括经济思想，首先是历史的，因此可以称为历史社会学；社会科学是一种文化的，因此是一种文化社会科学；更重要的是，社会科学是关于政治的观念，因此是一种意识形态学；社会科学是政治的和意识形态的，因而社会科学的主体即学者的“身份意识”就至关重要。明白了这个道理，就知道那种动辄“回到某人”之类的主张，有多么不靠谱了。

（中国人民大学国家发展与战略研究院副院长、教授）

究竟该怎样理解“积极发展混合所有制经济”

——兼析对“混合所有制经济”的几种不同见解

卫兴华　何召鹏

十八届三中全会的《决定》提出：“积极发展混合所有制经济”，混合所有制经济是“基本经济制度的重要实现形式”。这个提法与以往中央文件中的有关提法是有所区别的。

过去是把作为混合所有制经济的股份制作为“公有制的实现形式”，或“公有制的主要实现形式”。现在超越了单提“公有制”，是讲“基本经济制度”的重要实现形式。基本经济制度是指公有制为主体、多种所有制经济共同发展的经济制度。就是说，混合所有制经济既是公有制的主要实现形式，也是非公有制经济的重要实现形式。

然而，社会各界对中央提出的积极发展混合所有制经济的理解与反应是不同的，有多种不同的声音。有非公企业家的多种声音，有地方主管和国企主管的不同回应，也有理论工作者的多种声音。那么，究竟该怎样理解“积极发展混合所有制经济”？这里谈谈我们的体会。

对发展混合所有制经济的不同见解

在理论界，关于发展混合所有制的见解大相径庭。

有学者批评两个“毫不动摇”（即必须毫不动摇巩固和发展公有制经济，坚持公有制主体地位，发挥国有经济主导作用，不断增强国有经济活力、控制力、影响力；必须毫不动摇地鼓励、支持、引导非公有制经济发展，激发非公有制经济活力和创造力），认为这是一种模糊体制。这种体制“如果导致国企长期做大做强，对中国全体民企造成的福利损失是巨大的”。主张“国有资本至少退出国有控股状态”。另有学者提出：“混合所有制本来是让民营资本来改造国有企业，慢慢稀释国有股。如果搞反了，国企改革就又走回去了。”还有人呼吁将13万多中小国企彻底“民营化”。

2012年，中国经济出版社出版了《国企热点面对面》一书，书中汇集了有关国有企业改革和发展混合所有制经济的诸多学者的论著，并转载了多位学者对混合所有制经济的不同看法。多数的主张是：发展混合所有制经济必须有利于壮大国有经济。应大力发展社会主义国有经济控股的混合所有制经济，以扩大国有资本的支配范围，巩固公有制的主体地位，加强国有经济的主导作用，引导非公有制经济发展。有的学者提出：资本的实力不在资本存量的多少，而在资本控制力的大小，减持国有股不是国有资产的流失，而是国有资本重新配置的一种方式。有的学者提出：决不能将混合所有制当成国企改革与发展的万能药方和唯一手段。不能陷入“一混就灵”的误区，不能为混合而混合，发展混合所有制经济要坚持在增量上混合。要有利于增强国有经济的主体地位和国有经济的主导作用，绝不能搞国有经济大规模撤退，要防止抛售优质国有资产。还有学者提醒：“去国有化”“去公有制”违背十八届三中全会精神。

不能将目前提倡的混合所有制经济与三大改造时期的“公私合营”相提并论

三大改造时的“公私合营”是作为改造私营企业、消灭私有制，使其转变为国有经济的过渡形式。现在的混合所有制经济，是作为既发展公有制经济也发展非公有制经济、公私两利的实现形式。只要规范施行，取长补短，不存在谁吃掉谁的问题。

现在，从大趋势看，用公资销蚀私资是不可能的。从政治趋向看，坚持两个“毫不动摇”，不存在对私资国有化的问题；从经济趋向看，私升公降的比例了然在目。在改革开放初期，我国国有工业经济在总产值中的比重占80%以上，现在大约不到20%了，低于1949年新中国成立时的25.5%。非公经济已成为不可动摇的市场主体。

当然，发展混合所有制经济也不能理解为私有化，私有化会损害我国的改革开放与发展事业。如果将我国仅存的10多万国企“民营化”，公有制转为私有制，社会主义经济制度就不存在了。十八届三中全会的《决定》明确提出：“公有制为主体、多种所有制经济共同发展的基本经济制度，是中国特色社会主义制度的重要支柱，也是社会主义市场经济体制的根基。”“必须毫不动摇巩固和发展公有制经济，坚持公有制主体地位，发挥国有经济主导作用，不断增强国有经济活力、控制力、影响力。”2014年8月18日，习近平同志在中央全面深化改革领导小组第四次会议上的讲话中也指出：国有企业特别是中央管理企业，在关系国家安全和国民经济命脉的主要行业和关键领域占据支配地位，是国民经济的重要支柱，在我们党执政和我国社会主义国家政权的经济基础中也是起支柱作用的，必须搞好。这是发展混合所有制经济的应有之义，必须明确认识。

回归十八届三中全会“积极发展混合所有制经济”的精神实质，理解其新意

股份制作为混合所有制经济的形式，早在1993年党的十四届三中全会的决定中就提了出来，以后的中央文件中不断提出发展股份制这种混合所有制经济。2003年，党的十六届三中全会进一步提出：要大力发展国有资本、集体资本和非公有资本等参股的混合所有制经济，使股份制成为公有制的主要实现形式。经过多年来的改革，在中央企业及其子企业中，引入非公资本形成的混合所有制经济的企业约占总户数的50%。在地方国有企业中，所占比重更高。这种混合所有制的存在和发展表明，公资私资相互参股的股份制的存在，既不是什么伪命题，也不是什么公资侵吞私资或私资侵吞公资的过渡形式。

要看到，十八届三中全会《决定》进一步提出“积极发展混合所有制经济”，是具有新意的。既是继续用以深化国企改革，搞活和发展国有经济，又是向发展非公有制经济倾斜，使混合所有制经济成为促使其更好发展的“重要实现形式”。不要忽视十八届三中全会《决定》中提法的改变：它没有重复以前讲的使股份制成为公有制的主要实现形式，而是另提混合所有制经济是“基本经济制度的重要实现形式”，而且还提出“鼓励发展非公有资本控股的混合所有制企业”。要“废除对非公有制经济各种形式的不合理规定，消除各种隐性壁垒，制定非公有制企业进入特许经营领域具体办法”。

不要把《决定》中的“基本经济制度的重要实现形式”，混同于“公有制的主要实现形式”。如果单讲公有制与股份制或混合所有制的关系，那就讲：股份制是公有制的主要实现形式。现在是讲公有制为主体、多种所有制经济共同发展的基本经济制度同混合所有制的关系，那么它既是公有制的主要实现形式，又是非公有制的重要实现形式。之所以讲“基本经济制度的重要实现形式”，而不提主要实现形式，是因为私营企业2013年底已达1253万多户，多数

为小型企业，不可能大都实行混合所有制，因而不能要求公私资本相互参股的混合所有制成为广大私营企业的主要实现形式。

控股权是发展混合所有制经济的关键问题

十八届三中全会《决定》提出“鼓励发展非公有资本控股的混合所有制企业”。非公资本可在哪些领域控股呢？某些私营企业在扩大发展中如果吸收国资参股，自然由私资控股，可扩大私企的支配力与影响力。发展混合所有制经济，本应就是双向混合，即私资参股国企，国资参股私企。

多年前，笔者在南方参观一家制药的私营企业，由一位博士主管，搞得很好。充分尊重职工权益，效率和利润率及工资都高。但其资本构成是国资占大头，私资占小头。由于国资分散在多家单位，由私资控股，所以是私营企业。一般认为私营企业就是私有私营，其实也可以私资国资混合由私资控股经营。另外，国家新建企业，可吸收私资参股，不涉及国家安全和国民经济命脉的一些行业，可由私资控股。私资参股现有国企，不是减少国企存量资本，代之以私人资本，而是在增量资本中，吸收私资，以“保值增值”。在国企中，根据国企类型和作用的不同，一般由国有资本绝对控股和相对控股。如果某些国企经营不下去，愿并入私企，通过程序，由私资经营，当然要由私资控股。

需要明确：发展混合所有制经济的直接目的是为了搞好搞活国有经济，也是为了更好发展非公经济，以更快发展社会生产力，提高人民生活水平。其战略总目标是发展和完善中国特色社会主义。为此，三中全会《决定》明确指出：发展混合所有制经济首先是“有利于国有资本放大功能、保值增值、提高竞争力”，同时也“有利于各种所有制资本取长补短、相互促进、共同发展”。脱离开这一规定的理论和实践，都是不对的。非公企业家被赋予“社会主义事业建设者”的崇高称号，在发展混合所有制经济问题上，也应认识和服从于这一社会主义建设事业大局。最后说明一点：发展混合所有制经济不能刮风，不要搞一刀切。要有顶层设计，要有程序和细则，要按程序和细则办事。

（作者分别为中国人民大学经济学院教授、博士研究生）

从国际政治比较看“治理民主”的优势

——基于一些国家的民主政治演变为政治冲突之思考

杨光斌

发人深省的问题：作为“善”的民主为什么给很多国家带来的是灾难而不是福祉

现代性政治就是政治的人民性或者说民主性，“人民主权”理论的诞生是现代性政治的分水岭。相对于历史上的君主制和贵族制，民主制必然是“公共之善”。但是作为“善”的民主为什么给很多国家带来的是灾难而不是福祉？为什么“阿拉伯之春”最终演变为“阿拉伯之冬”？为什么乌克兰“民主派”催生了国家分裂和内战？其中固然有很多复杂的利益纠葛所导致的流血冲突，但流血冲突的根源何在？且不说各自的国情如何，我认为，其中一个重要原因就是世人对民主理论，具体而言就是本文要谈的民主模式的肤浅认识有关。世界政治的一个重大教训是，理论的大错误可以招致实践的大灾难。

在民主政治研究中，关于民主模式的论著很多，代表性的有美国著名政治学家利普哈特关于36个西式民主国家的《民主的模式》，它的主题是因“多数决民主”的不足，转而寻求“共识民主模式”。这其实就是对自由主义民主理论的一个绝对性肯定，即自由主义民主是不容置疑不容讨论的，需要讨论的只有这一理论下的做法而已。英国学者赫尔德的《民主的模式》，讲的是从古典民主到共和主义民主再到自由主义民主的演变，虽然每个“主义”之下也有民主做法或民主制度的讨论，比如自治、自由、选举、协商等，但看不出这些做法与其“主义”有什么必然的联系。要知道自由、自治、协商、分权等民主形式是许多国家都有的“原生态民主”，西方国家有，非洲和亚洲国家也有。和利普哈特一样，赫尔德事实上把自由主义民主当作终极形态。另外，罗伯特·达尔和萨托利的民主理论，都是论证自由主义民主的逻辑自洽性或者说构成要素。那么问题就来了，在这些学者看来，世界只能有一种民主模式，那就是自由主义民主，自由主义民主代表着“历史的终结”。

在我看来，自由主义民主与其说是讲政治制度，不如说是讲作为文化传统的自由主义，因为自由主义民主其实是以自由主义的文化传统去框定作为政治制度的民主的。若是将自由主义民主强行移植到其他国家，作为文化传统的自由主义与这些国家的文化传统便产生了结构性冲突，外生性制度与内生性文化产生碰撞，灾难由此发生。尽管如此，民主依然是人类政治文明中的重要价值，人们依然要追求民主。而为了“善”不至于为“恶”，我们必须寻找新的民主模式或者说新的民主理论，必须超越自由主义民主。

民主的“实践模式”是为了实现“价值模式”，二者若不匹配，最终会演变为政治冲突

要探究民主的模式，前提是弄清楚民主的性质，即民主模式的原理性根源。一般地说，民主具有二重性，既是目的（价值），也是手段（工具）。作为价值的民主，无外乎就是实现人民主权这个“公共之善”。但是，“公共之善”的实现过程为什么会带来灾难？它是个飘在天上的人类总价值，谁能反对人民主权呢？但是，这个总价值毕竟要在文化传统完全不同的国家里去落地。民主政治虽然是现代性政治，但现代性并不意味着与传统彻底切割，现代是传统的一种自然延续，传统与现代只不过是连续性历史光谱上的不同的级差（位

置）而已，只要看看中国传统文明基因对中国人及海外华人行为方式的影响，就会明白传统与现代的关系。说白了，民主价值的实现首先要依托于既定的文化传统或者说文明基因。当把民主的价值与特定文明基因联系在一起的时候，飘在天上的“公共之善”就可以看得见摸得着了。这样，基于特定文明基因的民主价值就是民主的“价值模式”。如果说“人民主权”是民主的一般性模式，“价值模式”则是人民主权落地的国家性或文化性模式，而文化是多元的，因此“价值模式”必然是多元化的。

即便如此，基于文明基因的价值也不会自动实现，需要一定的工具或者说制度工具去实现。在人类历史上，有很多伟大的思想和理想最后落空或者变成了灾难，比如法国大革命时期的人民主权思想演变为血腥的恐怖政治，就在于缺乏将理想或者“主义”落地的工具。因此，实现价值模式的制度工具可以看作是民主的“实践模式”。

“实践模式”是为了实现“价值模式”，这就意味着二者应该是高度匹配的，匹配的基础是其共同的历史文化或者说政治传统。如果说价值模式来自特定国家的历史文化传统，是文明基因的自然传递，那么实践模式也必然能找到与价值模式相适应的具有历史连续性的实践模式。有历史文明基因基础的价值模式与实践模式相匹配的民主政治，比较而言，应该是符合“公共之善”要求的。相反，如果一个国家的价值模式和实践模式都与自己的文明基因无关，或者说价值模式是基于自己的文明基因而实践模式是外来的，必然导致实践模式与价值模式之间的张力乃至冲突，民主政治就会变成政治冲突。

据以上论述，我们可以推导出民主模式的几个原理性推论：第一，民主的二重性即目的性和工具性，决定了民主模式必然有价值模式和实践模式两种，只有价值模式而无实践模式的民主，必然是空洞无物并可能导致法国大革命期间雅各宾派专政式的恐怖政治；同样，只有实践模式而无价值模式，民主就失去了应有的航向。第二，价值模式源于自己国家的文明基因，一个国家一般只有一种民主的价值模式，比如西方国家的基于自由主义的民主。第三，价值模式需要实践模式去落地，而好的实践模式也必然产生于自己的文明基因，但作为实践模式的民主必然是多元化的，人类共同拥有一些原生态式民主形式，比如自治、协商、分权等。第四，学习或移植与自己文明基因相违背的民主模式，无论是价值模式或者实践模式，除非产生于极为特殊的历史条件下，比如战后的德国与日本，否则结局事与愿违，如第三波民主化后的政治衰败和“阿拉伯之春”演变为“阿拉伯之冬”。

明白了民主模式原理，我们就能更好地理清那些剪不断理还乱的形形色色的“民主模式”之说，进而理解在当今一些国家中人们追求的民主政治，为什么最终变成了政治冲突。

用民主的“价值模式”与“实践模式”原理，来认识西式民主的局限性、迷惑性

把民主模式区分为价值模式和实践模式，我们可以更加清楚地认识自由主义民主与竞争性选举之间的关系。它们是价值模式与实践模式的关系，而且是以实践模式落实价值模式的关系。这样，熊彼特当初对“人民主权”的改造，把人民主权置于第二位而竞争性选举放在第一位，事实上就是以实践模式替代了价值模式，或者说实践模式成为第一位而价值模式成为第二位的民主，这无疑是对民主的极大嘲弄。在熊彼特这样的实用主义经济学家那里，价值上说不清的，干脆就拿说得清的去说事，拿说得清的层面去重新定义民主。从而就有了“熊彼特式民主”或者说“选举式民主”，这种民主把民主等同于选举，有了选举就是民主政治。从此之后，罗伯特·达尔和萨托利都是围绕竞争性选举去论证自由主义民主的。在达尔关于自由民主政体的七要素中，有四点都是围绕选举说事的。

在西方学者那里，除了把价值模式的人民主权改造或者置换为实践模式的竞争性选举，另一个常见的置换就是把资本主义民主置换成自由主义民主。近代民主是资产阶级革命之后的事，因此讲民主的性质首先是资本主义民主，即以“资本”为“主义”的民主，资本主义是民主之锚。这是政治真相。但

是真相难以让人接受，尤其是不能让大众接受，而能让大众喜闻乐见的肯定是自由，人们讨厌资本主义，谁人不喜欢自由呢？然而，自由主义中的自由固然包括一般人都要求的人身权、言论权和结社权，但最核心的还是洛克式的财产权。这样，自由主义民主和资本主义民主的性质是一样，都是财产权起着决定性作用。这就是资本主义民主的真相。而在理论上，财产权即资本权力在自由主义民主那里被"悬置"了，只有大家都喜欢的自由的生活方式和竞争性选举。在语言哲学上，将资本主义民主置换为自由主义民主，绝对是西方最伟大的理论成就。西方打赢的一场没有硝烟的战争即冷战，主要功劳不是美国的军事和经济优势，而是话语权优势——话语就是一种权力关系。

作为价值模式的自由主义民主之所以流行起来并为大众接受，原因就在于自由主义是一种开启西方近代历史的"元主义"，从文艺复兴算起，至少有500年以上的历史。自由主义的核心是保护财产权，这又是西方的法治传统，即法治主要是保护私有财产的，无论是罗马共和国、罗马帝国以至于后来的拜占庭帝国，在最高统治者那里，保护私有财产权都是天经地义的。在西方历史上，法治传统至少有3000年历史。而民主，即以普选权为标志的大众民主，不过是近100年的事。法治3000年，自由500年，民主100年，这就是自由主义民主的历史脉络。

而实现自由主义民主的竞争性选举的实践模式，也一直是西方历史的一部分，从中世纪的神权政治开始，就有发达的教会代表选举程序，选举出来的教士代表去选举教皇。神权政治直接影响了世俗政治，13世纪开始西方就有了议会政治的雏形。有意思的是，那时的选举政治叫神权政治、君主制或贵族制，这与亚里士多德关于选举是贵族制的思想一脉相承。但是，在冷战时期，一般民众有了选举权之后便被论述为民主制——何况当时美国黑人的政治权利还没有基本保障。这再一次证明了那条语言哲学原理，即语言是一种权力关系。

无论如何，以竞争性选举而实现自由主义民主，即以实践模式去实现价值模式，由于二者都根植于西方悠久的历史文明之中，因此至少到现在，它们尚可匹配——虽然已经问题重重。然而，事情正在起变化，竞争性选举这种实践模式是基于过去的文明基因，而当基因结构开始变异，即人口成分并不再是过去单一的盎格鲁-撒克森人时，竞争性选举（即党争民主）的命运又将如何呢？美国和法国不断流血的族群政治已经是可以观察得到的信号。

如果说西方国家的问题主要是未来性的，那么广大发展中国家则面临现实中的困境。首先，其文化基因中既无法治也没有个人权利基础上的自由，但信奉的却是自由主义民主，只能成为“无法治的非自由的民主”，结果便是普遍性的“无效的民主”或者“失败的民主”导致的政治衰败。其次，很多国家，比如大中东地区信奉的是伊斯兰主义民主，但实践的是竞争性选举，实践模式与价值模式严重对立，政治冲突势在必然，不冲突倒是例外。

重新认识中国民主的价值模式与实践模式：“民本主义民主”与“治理民主”

将民主模式区分为价值模式与实践模式，有助于理解民主在各个国家的不同境遇。理解了民主的模式才能建设好民主。中国正在建设社会主义民主政治，那么有序的民主政治到底该怎么搞？理论需要正本清源，没有正确理论指导的实践必然会付出代价，那就是我们已经看到的世界政治乱象。因此，我们必须寻求基于自己历史文明基因的价值模式与实践模式。中国民主建设需要借鉴国外民主政治的成功经验与失败教训。就本文的语境而言，成败与否都与本国文明基因相适应、匹配有关，因此，我们必须分别找出适应、匹配价值模式与实践模式的文明基因。

资本主义民主能置换为自由主义民主，与之相对应的便是我们常说的社会主义民主。因为冷战，“社会主义国家”或者“社会主义民主”已经被妖魔化为极权主义或者意识形态化为威权主义。因此为了便于与世界政治对话，便于别国理解中国的民主政治，我们需要更换社会主义民主的表述方式，或者说社会主义民主需要更加艺术化的或者中国化的表述，形成习近平同志所说的“新概念、新范畴、新表述”。这是马克思主义中国化的迫切需要。

对中国社会主义民主的新表述，必须考虑以下几个因素：第一，这个词必须能表达社会主义的本质要求，正如自由主义能代表或者能表达资本主义的本质要求一样；第二，这个词必须是中国文明的重要组成部分，或者说必须有强大的文明基因的连续性；第三，与“民主”有内在的联系性，民主不但有程序民主即林肯说的“民治”，更有本质上的关怀即林肯说的“民有”与“民享”。这个概念非“民本主义”莫属。

过去常讲中国古代历史上的民本思想是一种封建主义统治思想，这是片面的。新的研究表明，“民为邦本”讲的是一种先民基于血亲关系而组成的亲族邑制共同体，用今天的话说就是一种以亲族为秩序的国家形式。即使民本主义是一种封建主义统治思想，也并不因为与民主的人民自主性有张力而不能组合在一起，要知道自由（财产权）与民主（平等权）之间的张力更大，是一种紧张性的政治与经济的关系。具体来说：

第一，如果说“社会主义”是以“社会”为“主义”的，其实也就是以民为中心的，与民本主义的“以民为本”具有一致性。

第二，民本思想是中华文明基因的核心。中国之所以是中国，中国文明历经5000年而不散并能重现民族复兴，其中一个重要因素就是持久的、绵延不绝的民本思想，这是中华文明与其他古老文明的一个重要区别。看看芬纳的三卷本《统治史》，便能更好地理解中华文明的生命力。习近平同志要求“讲清楚”：讲清楚每个国家和民族的历史传统、文化积淀、基本国情不同，其发展道路必然有着自己的特色；讲清楚中国特色社会主义植根于中华文化沃土、反映中国人民的意愿、适应中国和时代发展的进步要求，有着深厚历史渊源和广泛现实基础。我认为，这些讲话包含了文明基因论的重要思想，即社会主义与作为传统文化核心的民本主义的一脉相承性。

第三，当民主思想输入中国之后，从革命家孙中山到毛泽东，再从思想界到普通民众，实际上都是在以“民主”的语言表达“民本”的思想和诉求。孙中山的“三民主义”中的民生就是民本，毛泽东的“为人民服务”也体现了民本思想；国内外对普通中国人民主观的调查也发现，70%以上的百姓讲的民主其实是民本，以民主的语言去诉求民本。

基于此，完全有理由将中国的社会主义民主表述为“民本主义民主”。和自由主义民主有一定的张力关系一样，即便是按照统治思想来理解民本主义，即民本与民主之间有一定的张力，也并不影响“民本主义民主”思想的成立（何况第一个提出民本主义的梁启超其实把它视为中国的民主思想）。原因在于：第一，民本主义与民主的本质性一面是一致的；第二，在新民主主义革命时期，民本主义已经有了落地的工具，即群众路线。群众路线难道不是一种民主制度和民主形式？民主的大概念就是公民参与，而自下而上的参与可能是不平等的，有强弱之分，结果并不必然公正；而群众路线是自上而下的“逆向参与”，可以平衡自下而上参与之不公正的结构性问题。

如果说“民本主义民主”是一种价值模式，那么它的实践模式是什么呢？这可以从历史和实践中找到答案。以民为本的思想必然是关心“致治”的，即国家得到治理。从先秦始，中国的致治思想就非常丰富并绵延不绝，康熙说：“致治之道，人才第一。”治理是自20世纪90年代以来与民主并驾齐驱的一个热词，在中国已经变成国家治理。这样，以治理为核心的民主可以被理解为“可治理的民主”，简称“治理民主”，它是实现作为价值模式的“民本主义民主”的实践模式。可以说，自古以来中国相对于其他文明古国的强项就是治理或者说治道，可以说治道理论非常发达。在现实世界政治的比较上，中国的治理要优于其他发展中国家。因此，以治理为核心的民主，相对于以选举为核心的民主，具有现实和道德上的比较优势。比如，如果在竞争性选举意义上比较中国和印度，西方人认为印度优于中国；如果在“治理民主”的意义上比较，中国则是印度的老师。

“治理民主”的构成要素是：参与——国家自主性回应——责任。首先，参与是民主政治的前提。参与的形式又有诸多的次级实践形式，比如选举、协商、信访等。其次，自主性回应。回应性是所有民主理论都特别重视的，但是好的、有效的回应一定是建立在国家自主性基础上的，即国家有能力不受社会的控制；很多国家的“无效民主”，要么是无力回应社会的参与，要么是缺少国家自主性，被社会势力绑架或俘获。第三，责任政治。通过国家自主性的选择性回应，对参与的诉求作取舍，进而作出负责任的决策。“自主性回应”是“治理民主”的最重要特征。

在当代中国的民主政治中，很多立法和政策过程都充分体现了“治理民主”的实践。比如，十八届三中全会关于全面深化改革的决定，首先是建立在社会充分参与的基础上，全面深入地了解社会诉求；其次是决策者有选择性地作出回应，并不是一概接受；最后是负责的权威决策和政策执行。

相对于竞争性选举或者党争民主，“治理民主”兼顾了民主和治理两大流行观念，不能治理的民主是不可欲的。更重要的是，相对于竞争性选举，“治理民主”是一种更具包容性的实践模式，其中包括次级的实践模式，比如协商、分权、自治和选举。因此，这种实践模式不仅更能体现民本关怀即民主本质，也更具有程序上的真实性和正义性。民主怎么能一选了之呢？相较于选举，立法和政策实施过程更关乎百姓的切实利益，这个过程的“参与-回应”才能真实地反映一个国家的政治过程，从而更能反映程序的公正与否。

发掘出基于自己文明基因的民主的价值模式和实践模式，开启历史的新纪元

世界政治变化太快，而理论研究尤其是关乎国家命运的民主理论研究，要么跟不上世界政治的变化速度，要么因为政治的特殊需要而被简单化或者失真化，以便为自己的国家利益论说。中国这样一个有着无与伦比的文明优势的古老大国，自然也要搞民主政治，但是比较历史和世界政治告诉我们，不与自己文明基因相匹配的民主政治是不可想象的，为此就必须发掘出基于自己文明基因的民主的价值模式和实践模式。

找出基于自己文明基因的民主模式，不但回答了作为“历史的终结”的自由主义民主为什么在不同国家有着完全不同的命运的问题，还可能是自由主义民主的一种替代性模式。正如冷战中美国战胜苏联依靠的是政治观念而不是军事和经济，西方人谈论的“中国威胁论”与其说是军事的和经济的，不如说是

政治的。在他们看来，世界上怎么能出现自由主义民主模式的替代者呢？这可是改写300年世界史的大事，既然“历史终结”了，怎么还会有历史的新纪元呢？不曾想，新纪元正在到来。

（作者为中国人民大学政治学系教授，中国人民大学国家发展与战略研究院副院长）

中国独特的“共赢主义”

胡鞍钢

每年3月是中国的政治民主月。这以“两会”为标志，成为举国瞩目的重大政治民主会议，也是政治民主信息尤其是《政府工作报告》充分传播、热烈讨论、各种解读和共同分享的时刻。

为什么“两会”会成为世界性话题呢？其原因很简单，就是因为中国自身已成为世界最大的利益相关方，它的走向，所谓“北京决策”（指《政府工作报告》）都会直接或间接地影响世界。的确，今日之中国已经站在世界舞台的中心，向全世界展现一个欣欣向荣、生机勃勃、充满活力与创造力的中国。

从国际视角评价中国

2014年中国在世界上有哪些新亮点？她在世界的位置发生了什么样的变化？为什么令世界瞩目？

2014年，中国已经获得多项“世界第一”，这是全体中国人民在党中央领导下所取得的巨大成绩，也反映了中国在世界的地位越来越高，作用越来越大，外溢性和外部性越来越明显。

从国际视角看，中国在世界社会经济指标体系有多个第一或名列前茅。第一，中国经济增长速度在世界主要经济体中名列前茅。第二，中国实际使用外商直接投资居世界首位（1196亿美元，占GDP比重1.16%）。第三，中国粮食产量仍居世界第一位（6.07亿吨）。第四，中国高速铁路运营里程居世界第一（1.58万公里），占世界60%以上；2007年至2014年，高铁列车累计发送旅客31.6亿人次，占铁路旅客发送量的比重由4.8%增长到38.5%左右，也是游客发送量最多的国家。第五，中国高速公路通车里程世界第一（11.19万公里），明显超过美国（9.2万公里）。第六，中国宽带用户数居世界第一，其中固定宽带用户2亿户，移动宽带用户5.83亿户，共计7.83亿户；中国电话总用户居世界第一，达到15.36亿户，其中固定电话用户2.49亿户，移动电话用户12.86亿户。第七，中国全民医保覆盖人数居世界第一，达到13.25亿人。第八，中国国内旅游和出境旅游人次居世界第一，分别达到36亿人次和1亿人次以上。

中国是世界上人口最多的国家，直到进入21世纪之后，才相继进入主要经济总量指标居世界第一的时代。无论是美国、欧盟等超大经济体，还是百余个小经济体，都不约而同地在适应“中国第一”的时代，也在利用“中国第一”的机会。

对此，我们来看看国际组织是如何来评价中国经济发展的。最近，经济合作组织（OECD）发表了《走向增长》报告，该报告指出：中国在多个关键领域的改革进展“清晰可见”，比如多个领域已经面向私人资本开放，外资审批程序更加简单，高等教育正在从“重数量”转向“重质量”，利率改革使得储蓄者可获得更好的回报，等等。经合组织还认为，中国越来越多城市为流动打工者提供的社会服务日益健全，这不仅有利于释放他们的消费潜力，也有利于经济增长变得更加平衡和公平。

尽管2014年取得了令世界瞩目的发展成就，但是我们仍然需要清醒地看到所面临的各种困难与挑战。对此，李克强总理的报告作了说明：投资增长乏力，新的消费热点不多，国际市场没有大的起色，稳增长难度加大，一些领域仍存在风险隐患。工业产品价格持续下降，生产要素成本上升，小微企业融资难、融资贵问题突出，部分企业生产经营困难。经济发展方式比较粗放，创新能力不足，产能过剩问题突出，农业基础薄弱。群众对医疗、养老、住房、交通、教育、收入分配、食品安全、社会治安等还有不少不满意的地方。有些地方环境污染严重，重大安全事故时有发生。他还特别谈到，环境污染是民生之患、民心之痛，要铁腕治理。

中国对世界持续产生正外部性与贡献

作为世界上人口最多的国家，中国至少在以下四个方面对世界产生正外部性与贡献。

一是经济外部性与贡献。一个国家对世界的经济贡献，既与该国家经济规模成正比，也与一个国家经济增长率成正比。中国同时具有规模效应和速度效应，将两个效应相互叠加，世界经济增长便会产生几何级的重要影响，这样中国就成为世界经济增长第一大发动机。2000年时，美国GDP登上10万亿美元台阶，当时中国只有1万亿美元；2014年，中国GDP登上10万亿美元台阶，美国为16.8万亿美元。即使中国保持7%以上的增长率，再考虑到汇率变动等因素，在未来6年左右时间里，中国和美国将会同时登上20万亿美元台阶。

二是贸易外部性与贡献。这也与一个国家的贸易规模和增长速度相关。2000—2012年期间，中国货物服务进出口贸易额对世界总的增长贡献率达到12.8%，高于美国8.1%的贡献率，也成为世界贸易增长的第一大发动机。此外，中国已是世界140个国家和地区的最大贸易伙伴，还是几十个国家和地区的第二大、第三大贸易伙伴。即使是服务贸易也很明显，2014年中国公民海外旅游超过1亿人次，消费总额超过1万亿人民币。这正是中国发展的巨大溢出效应。

三是科技创新外部性与贡献。这与一个国家的发明专利申请量规模及增长率相关。根据世界知识产权组织（WIPO）的数据，2000—2012年期间，中国发明专利申请量占世界总数比重从3.77%提高至27.80%，对全球总量增长的贡献率达到了61.95%，高于美国25.46%的贡献率，也成为世界贸易增长的第一大发动机。此外，中国还是最大的高新技术产品销售市场和增长速度最快的高新技术应用市场。

四是减贫贡献。进入21世纪，全球第一次共识就是提出全球减贫计划（指千年发展目标，“MDG”），即到2015年将全球绝对贫困人口减少一半。而中国就是世界最大的绝对贫困人口国家。按国际贫困线标准（人均消费支出每日低于1.25美元），根据世界银行数据库提供的信息，1990年，中国约有6.83亿人，贫困发生率60%左右；到2010年，已降至约1.57亿人，贫困发生率降至11.8%，其占全球绝对贫困人口减少量的80%以上。这既为中国实现全面建成小康社会总目标作出了最大贡献，也为国际社会提出全球减贫计划作出了最大贡献。

中国经济发展进入新常态，正是在上述基础上再上一个大台阶。即使在中高速增长的条件下，再持续增长10—20年的时间还会从规模效应与速度效应形成更大的外溢性和正外部性。首先，规模效应越来越大，特别是经济总量规模、贸易总量规模、科技人才规模（超过6000万人）和发明专利规模越来越大。其次，速度效应也非同小可，保持在7%左右的增长速度仍然属于世界高增长类型。中国一年的增量已大体与排在世界第15位的印度尼西亚全年的GDP相当。那么，从规模效应和速度效应共同产生的总效果来看，中国不仅仍然是世界经济增长、贸易增长、发明专利增长第一大发动机，而且对世界的贡献率会越来越大，甚至还会给世界各国带来更多的发展机遇、更大的发展空间。

打造“投资中国”与“投资世界”共赢的对外开放新格局

全面对外开放，是推动中国经济新常态的外部动力，而全面深化改革则是内在动力，两者结合进而构成中国经济发展的两大驱动力。全面对外开放本身就是全面深化改革的重要部分，又是它的对外发展空间拓展。越是对外开放，来自外部的竞争压力就越大，巨大的竞争压力也会在改革的作用下转化为巨大的动力。从“引进来”到“走出去”，从吸引外资“投资中国”到鼓励中资“投资世界”的过程中形成新的增长点，中国装备走出去已经获得重大成果，其中铁路、电力、通讯、能源等重大项目越来越多、国际声誉越来越好，形成了双向投资、并驾齐驱、互利共赢的新格局。多边、双边等经贸合作进一步拓展和深化。

习近平总书记及时提出“一带一路”战略，以政策沟通、设施联通、贸易畅通、资金融通、民心相通为主要内容，积极推进“一带一路”建设，与沿线各国共同打造政治互信、经济融合、文化包容的利益共同体、责任共同体和命运共同体，造福沿线国家人民，创造了“无限大”的发展空间，创新了中国独特的“共赢主义”（即和平发展互利共赢）。

（作者为清华大学国情研究院院长）

“中国式民主”的新路

许耀桐

中国实行改革开放30多年来，不单是经济获得显著的发展，更重要的是民主获得长足的进步。作为当代中国飞速进步的标志，不仅有经济基础硬实力的发展，还应有民主政治软实力的发展，即“中国式民主”的新路。

“中国式民主”新路与民主模式的多样性

“中国式民主”，顾名思义是在中国大地上成长起来的一种民主，是党的领导和人民当家做主、依法治国有机统一的新型民主模式。“中国式民主”不同于“西方式民主”，这是不争的事实。对于“中国式民主”的新路，人们完全可以用科学的态度对待之、分析之，从而作出正确的观察判断，得到符合实际的认识。

但是，有些人却不以为然。在他们看来，“中国式民主”怎么算得上是民主呢？倘若以为这个世界上只能有一种民主模式，即“西方式民主”，只能以“西方式民主”作为衡量检验、取舍裁定的标准，符合它的便是正统，不符合它的则要打入另册，那就太不公平合理了。世界上各个国家根据自身的实际情况，阐述民主理论、探讨民主走向、建立适合本国的民主制度，以及在实践中进一步发展民主，必然使民主的模式呈现出多样性。从实践来看，一个国家在实现和发展民主的进程中，由于采用的途径、方式以及建立的民主制度与别国不同，因而具备了一套系统的、稳定的鲜明特色。列宁指出，“在民主的这种或那种形式上”“每个民族都会有自己的特点”。“中国式民主”就是适合于中国国情的新型的民主模式，是世界民主模式多样性的生动体现。

《民主的模式》一书的作者戴维·赫尔德认为，民主的发展模式显然是多样性的。他把马克思主义主张的工人阶级民主制或社会主义国家民主制，就看作是民主的一种模式。因此，当代“中国式民主”的新路，丰富了民主理论的宝库，开阔了世界民主的潮流。

“中国式民主”新路与民主的自立内生性

今日中国之民主，并不是从外部直接赋予或硬性嵌入的。在改革开放中成长起来的“中国式民主”，具有强烈的自立内生性。经历了10年“文化大革命”之后的中国，党内党外、上上下下，都深切地感受到民主的重要性，都对民主由衷地发出了热忱的呼唤。民主之于我们，已无须任何强制，也无须别人说教，因为人民需要民主，社会需要民主，政党需要民主，国家需要民主。

中国对于民主的渴望追求，从没有像最近30多年来的这么急迫、下了这么大力气。究其原因在于，到了20世纪80年代，中国的经济、政治、文化、社会等建设，若离开了民主便不能发展。正是当年的发扬民主、解放思想，冲破了“两个凡是”的罗网，结束了“以阶级斗争为纲”，确立了“以经济建设为中心”。也正是在拨乱反正和推行民主法制下，全国平反纠正了300多万名干部的冤假错案，47万多名共产党员恢复了党籍，数以千万计的无故受株连的干部和群众得到了解脱，激发了全国人民建设“社会主义国家民主化”的积极性。而废除干部职务终身制、改革和完善人民代表大会制度、民主集中制、多党合作和协商民主制度、基层群众自治制度等一系列民主制度的建设，冲破了人治和权力过分集中的羁绊，开启了“中国式民主”的新路。

“中国式民主”的自立内生性，决定了民主之于国家的不可或缺和倚重，决定了民主发展恒久的张力和可持续性，构成了国家坚固的制度基础和良善的政治生活。

“中国式民主”新路与党的领导的自觉性

“中国式民主”的本质特征，在于坚持中国共产党的领导。“中国式民主”需要党的领导，归根结底，是因为党具有领导“中国式民主”的自觉性。1978年以来，中国共产党的历次党代会以及和政治建设有关的中央全会，都对民主在中国的发展做出了深刻的阐述分析，尤其是明确了欲推进改革，必先从民主着手，提出了“没有民主就没有社会主义，就没有社会主义的现代化”“社会主义愈发展，民主也愈发展”“人民民主是社会主义的生命”“党内民主是党的生命”等科学命题和重要论断。本着这样的真知灼见，中国共产党对民主的发展进行了精心的谋划布局，在实践中一步步地认真贯彻落实。

民主需要党的领导，这在西方看来，似乎是不可理喻的事情，因为以西方的政党标准来看待政党的作用，民主当然无需党的领导。西方国家的政党只有一个功能，就是参加竞选，获取选票。政党竭尽全力就是为取得选举成功，以便能上台执政，政党本身根本没有领导和推动民主的职责和功力。但在中国完全不同，中国共产党是在严酷的革命战争的环境中产生的，并且从长期的革命党转变为稳定的执政党，有着牢固的执政地位和丰富的领导经验。党缔造了国家，也领导着国家。这样的政党性质和特点，决定了它不但可以领导民主，而且能使民主发挥得卓有成效。

“中国式民主”新路与民主治理的有效性

民主既是治理国家的理念信仰，也是治理国家的手段方式。但无论是民主作为理念信仰也好，还是作为手段方式也好，都要取得治理的功能效果。早在20世纪八九十年代，邓小平在谈到判断和衡量改革的是非成败其中包含民主实践的标准时明确指出，一定要有利于生产力发展、有利于人民生活的改善、有利于社会稳定和进步。日裔美籍政治学家弗朗西斯·福山也指出，现代民主体制要与三组制度相结合：国家、法治和问责机制。民主之所以需要这三要素，就是为了有效地服务于自己的公民。民主的发展必须具备这样的基本功能，如果说实行民主改革、推进民主发展，达不到这样的要求，民主就毫无价值可言。

以民主治理的有效性而言，“西方式民主”正逐渐陷入困境。“西方式民主”的议会制，导致了恶性竞争，不同的政党出于私利，使决策久拖不决；“西方式民主”的两党或多党制，政党的轮流执政往往使政策不具有长期性，执政的政党对国家和民族的长远的重大利益缺乏思考和安排，而更注重选民看得见的短期利益；“西方式民主”的选举制，完全为金钱打选战，互比筹款烧钱能力，候选人在竞选中基本上靠“贿赂选民”，攀比谁开出的福利条件最为优惠，而全然不顾国力和财力的现实情况，超前许诺、漫天开“空头支票”。把“西方式民主”引入发展中国家，更造成“民主的灾难”，诸如利比亚、泰国、乌克兰等国，出现了民粹泛滥、社会动乱、国家分裂、人民生活水平急剧下降等现象。

而“中国式民主”，由于坚持民主发展的指导思想是马克思主义理论，民主发展的领导核心是中国共产党，民主发展的经济基础是坚持社会主义公有制为主体，民主发展的最佳路径是选择从发展基层民主开始循序渐进，民主发展的优先秩序是搞好党内民主建设并以党内民主带动人民民主发展，民主发展必须坚持在法治的轨道上前进等一整套理念和做法，充分保障了民主治理的有效性。中国能够在经济社会领域继续保持向前全面发展的态势，中国民主政治能够始终保持旺盛的生命力和驱动力，就是以“中国式民主”治理的有效性为根本的前提条件的。

（作者为国家行政学院教授）

不能做“合法性”概念的囚徒

杨光斌

在政治学中，“合法性”这个概念讲的是民众对政府的一种心理认同和自愿服从的问题。因此，它不但是一个理论概念，而且是一个与政治相关的问题。它表达的是一种政治秩序观。但是长期以来，学界对这个概念的滥用产生了一些相应政治后果，因此有必要对其进行正本清源。

“合法性”概念在思想领域的滥用

目前中国思想领域流行的“合法性”概念，是20世纪50年代冷战时期美国政治学家李普塞特所建立的，即所谓的“选举授权才有政府合法性”。这是典型的代议制政府理论。但是，这种合法性之说，不但不能避免20世纪六七十年代西方所出现的政治危机，而且要对非西方国家的治理危机甚至国家失败负责。就是这种“冷战政治学”的产物，却在中国思想领域大行其道，国内很多高等教育机构和研究部门，传递出的观念几乎都是“选举授权才有政府合法性”。

对此观念的一种回应是，中国共产党的合法性源自于历史。这有道理，但还需要进一步的理论解释。有一个英国学者统计了2008年至2013年中外学者发表的关于中国政治"合法性"的120多篇文章，发现中国学者基本上都在引用西方政治哲学尤其是选举授权的概念来谈中国政治，认为中国政治存在"合法性"危机；与此相反，西方研究中国政治的一些学者却从文化主义出发，以中国政治哲学的概念来看当代中国政治，比如天道、民心、民本、和谐等，得出的结论和很多中国学者相反。由此可见，对于政治学界来说，也需要正确认识"合法性"这个概念。

"合法性"概念的起源和被改造

即使在西方政治思想的脉络上，"选举授权产生合法性"也只是片面的一家之言，何况还被残酷的现实所质疑。卢梭的"人民主权"可以视为现代性政治的分水岭，但我们所说的"合法性"概念则起始于德国思想家马克斯·韦伯。他认为，政治统治的进行不会只基于物质利益、情感和动机，还要有被支配者对统治者的一种政治信仰，即合法性信仰。而什么样的政治最能获得合法性信仰呢？韦伯直言就是建立在理性法律基础之上的有效率的官僚制政府。当韦伯谈论合法性的时候，其实就是合法律性与有效性（即有效性政府），其中合法性离不开有效性。

韦伯的合法性概念沉寂了半个世纪之后，在冷战时期被美国学者重新激活，即李普塞特所讲的"合法性政治产生于选举授权"。正如李普塞特所言，他提出这样的说法是为了配合熊彼特的民主概念，熊彼特把传统的人民主权意义上的民主改造为"选举式民主"，即民主就是选举产生政治家的过程。这样，在冷战时期，西方理论有两个大改造，一个是民主理论，一个是合法性理论。李普塞特把韦伯的合法律性要素置换为选举授权，有了选举授权才有合法性政治。同时，李普塞特还继承了韦伯的有效性思想，认为政府的有效性有助于合法性，而长期的无效性则伤害合法性；并客观地指出，选举民主是为了解决社会分裂问题，因此选举民主的社会条件是均质文化，即今天所说的民主的同质化条件，没有均质文化的选举是非常危险的。对此，西方民主理论家达尔和萨托利都给予了反复强调。

回到韦伯主义的亨廷顿："有效性政府"

到了20世纪60年代，选举授权的民主政治在西方国家陷入巨大的政治危机之中。法国1968年"五月风暴"、意大利恐怖主义泛滥、美国无处不在的民权运动和反越战运动，都使西方陷入二战之后空前的政治危机之中。在这种背景下，谈论西方政治的合法性理论开始流行起来。这归功于德国新马克思主义者哈贝马斯。他认为，资本主义政治出现了政治信仰危机，即合法性危机。与此同时，当时在西方影响最大的国际智库"三边委员会"委托亨廷顿等人写了如何应对西方危机的报告《民主国家的统治能力》，后来出版为《民主的危机》；多元民主代表学者达尔也出版了《多元主义民主的困境》，认为西方国家陷入不平等政治之中，出现了合法性危机。更别说这一时期的发展中国家了。战后西方国家在发展中国家推广"发展带来民主"战略，结果这些国家却变成了亨廷顿所说的"政治衰败"乃至"失败国家"。

在这种大的世界政治背景下，亨廷顿鲜明地指出代议制民主理论（即选举授权）并不能回答、更不能解决现实中的种种难题，因此政府不管是怎么产生的，能够提供公共秩序的即代表公共利益的制度化政府本身就是合法性。在发展中国家，组织政府者是政党，因此合法性来源是强大政党。亨廷顿还一针见血地指出，选举出来的政府如果不能提供公共秩序，不但不具有合法性，而且还是不道德的，因为政府的职能就是治理，而不能履行治理职能的政府自然是不道德的。这样，合法性理论的核心依旧是有效性政府，或者说制度化政府。

罗尔斯为非西方国家量身定制的合法性理论：“良序合宜政体”

1971年出版的影响全世界的罗尔斯《正义论》，也是反思西方政治危机的产物。在罗尔斯那里，正义的核心就是能保护最不利者阶层利益的制度，这样的政治社会属于“良序社会”即组织良好的社会。据此，即基于正义的实现程度，罗尔斯认为在五种政体类型中，自由资本主义（即美国和英国）、福利资本主义（即联邦德国等）、统制性社会主义（即苏联）都是不符合正义原则的，而财产民主政体或带有自由要素的社会主义政体则符合正义原则。

秉承政治的合法律性原则，罗尔斯还认为宪法政治是第一位的，日常生活中的多数决政治是第二位的，而且多数决政治在很多时候并不符合其正义原则。不仅如此，罗尔斯还为非西方国家建立了一个西方社会应该接受的政体概念——“良序合宜政体”，即非西方国家的政府只要满足了基本正义原则，政府有效地履行其职责、法律保护人权、国家爱好和平、政治决策充满协商过程，就是可以接受的“良序合宜政体”。罗尔斯这样做的原因如他自己所说，非西方国家没有变成西方社会所需要的相应的社会文化条件。

“合法性政治”的基本要素和概念

且不说中国的政治传统完全不同于西方，即中国人的家国一体的政治秩序观完全不同于西方的国家-社会二元对立观，即使在西方政治思想那里，在知识论的脉络上，“合法性政治”的构成要素可以归纳为：合法律性、有效性、人民性（选举民主或者协商民主）和正义性。据此可以建立这样一个“合法性政治”概念：依据法律而组建的、人民参与的并依据基本正义原则而有效治理的政府，就是“合法性政治”。

合法律性、有效性和正义性都能达成共识，其中“有效性”又是合法性的最大公约数，而“人民性”则存在争议，即“人民性”的实现形式是选举授权还是参与式协商民主？世界政治已经告诉我们，如果是选举民主，是否具备同质化条件（国家认同、共享信念、基本平等的社会结构）就至关重要，异质化社会的选举民主带来的并不是想象中的理想政治，而是苏联解体和南斯拉夫的分裂，今日非洲、中东、乌克兰之乱局，以及很多发展中国家的无效治理。

中国思想界亟须“新概念新范畴新表述”

当代中国政治满足了合法性理论的最大公约数，即合法律性、有效性、人民性和正义性，所以才有如此高的民意支持率。近年来，无论是国内的民意调查如北京大学国情中心和中国社会科学院的数据，还是海外的调查如亚洲民主动态调查以及西方的皮尤调查中心的数据，都显示中国民众对中央政府的信任度在80%左右。这种支持率在世界上是罕见的。这其实是一个中国文化中的民心向背问题，岂能是一个代议制理论所能解释的？

在理论上，当西方的主流理论都在因时因地地看待并建构“合法性”概念时，甚至罗尔斯这样的西方思想家专门为非西方国家而建构“合法性”理论时，我国社会科学领域却有不少人依旧拿其中一种争议最大的概念即“选举授权”来对照中国政治。问题是，很多发展中国家都依照代议制理论而有了“合法性”，治理得如何呢？或者说能够治理吗？不能治理的政府即失职的政府有道德性吗？到底是理论错了还是实践错了？学者应该有基本的世界政治视野，而不能仅做观念的囚徒。中国思想界亟须“新概念新范畴新表述”，以对当今许多流行的观念进行正本清源。

（作者为中国人民大学政治学系教授、国家发展与战略研究院副院长）

西方选举政治的“圈子”现象

金灿荣　董春岭

虽然距离2016年美国大选尚有时日，但美国围绕新一轮的大选争夺战已经日趋激烈，两党已经有多位重量级选手报名，候选人中最吸引眼球的，莫过于民主党人希拉里·克林顿和共和党人杰布·布什，若两人不负众望通过党内初选，两大政治豪门将上演终极对决。“你是更喜欢第二个克林顿政府，还是第三个布什政府？”——这不仅成为美国民众茶余饭后热议的话题，也成为全球瞩目的焦点。无论是总统“夫妻档”还是总统“父子军”，美国政坛的豪门世家左右美国政治的现象再次浮出水面，而西方的门阀政治问题也再一次吸引了观察者的目光。

西方政坛的门阀政治现象为何普遍？

在民主外衣的包裹下，对金钱、社会地位、政商关系的世袭和继承奠定西方门阀政治的基础。

西方经济普遍实行资本主义私有制，家族企业非常普遍。据统计，西方国家的二级市场上3/4以上的企业、初级市场上2/3以上的企业都是家族企业，美国的家族企业占美国企业总数的96%。罗斯柴尔德家族、杜邦家族、奥纳西斯家族、洛克菲勒家族、IBM沃森家族、高尔文家族、福特家族、马克斯家族、迪斯尼家族、摩根家族这10大家族控制着西方的经济命脉。“金钱是权力的脐带”“政治家是资本家的代言人”，与这些左右西方经济的豪门世家相对应，西方政治的豪门世家也非常普遍。

在民主外衣的包裹下，对金钱、社会地位、政商关系的世袭和继承奠定西方门阀政治的基础。研究表明，过去400年，英格兰基本控制在1000个家庭手中，而2500个家庭操纵着整个英国。而美国作家费尔南德·伦德博格在《美国六十个家族》一书中指出，美国政治实际上是由最富有的60个家族控制着。在英国，埃奇坎伯家族在1945年之前几乎从未间断地向国会输送了20多名议员，曾三度出任保守党首相的索尔兹伯里勋爵，其家族从1868年至1955年间向英国政府贡献了1/10的内阁大臣。在美国，有700多个家族每个至少向国会输送了2名家族成员。BBC著名主持人帕克斯曼在其专著《政治动物》中一针见血地指出：在英美，政治上成功的第一法则是选好父母。亚当斯、汉密尔顿、塔夫脱、哈里森、罗斯福、肯尼迪、洛克菲勒，这些大名鼎鼎的姓氏贯穿于美国200年历史中。

在自诩为民主国家的日本，门阀政治现象更为普遍。鸠山家族、小泉家族、安倍家族、麻生家族和福田家族并称为日本政坛“五大家族”。20世纪90年代以来，历任日本首相中，除村山富市、菅直人和野田佳彦之外，其余11人均出自显赫的政治世家。现任日本首相安倍晋三，来自三代从政的安倍家族，弟弟岸信夫是众议员，父亲是前外相安倍晋太郎，祖父安倍宽是帝国议会众议员，外祖父、外叔祖父分别是前首相岸信介和佐藤荣作。冷战后历任内阁中，平均约有一半的阁僚来自于不同的政治世家，而日本的自民党由于世袭议员众多而被称为“世袭党”。

美国政坛的政治豪门因何绵延不断?

政治世家通过经营各种资源、按照隐性的游戏规则复制着一代又一代“权贵”，使家族的政治遗产得以绵延不断地传承。

亚当斯家族、罗斯福家族、肯尼迪家族、布什家族和最新崛起的克林顿家族并称为美国政坛的“五大豪门”。

亚当斯家族兴起于美国建国之初，约翰·亚当斯和约翰·昆西·亚当斯父子俩先后担任过美国第二任和第六任总统。

罗斯福家族中先后有西奥多·罗斯福和富兰克林·罗斯福担任过总统。1901年，43岁的西奥多·罗斯福当选总统，后获得连任，著名的“胡萝卜加大棒”的扩张主义政策便是他的“杰作”。1933年，他的堂侄富兰克林·罗斯福当选为总统，帮助美国度过了经济危机，打赢了二战，成为美国历史上唯一连任四届的总统。罗斯福家族的政治力量也在这一时期达到了前所未有的巅峰。

肯尼迪家族兴起于约瑟夫·帕特里克·肯尼迪时期，约瑟夫25岁时就担任波士顿一家银行的总裁，后通过政治联姻——迎娶波士顿市长的女儿成功跻身政界，后由于支持富兰克林·罗斯福成功当选而得以出任驻英大使。他的四个儿子，除了大儿子早年因飞机失事而身亡以外，个个都是美国政坛上的明星。约翰·肯尼迪先是担任参议员，后入主白宫。罗伯特·肯尼迪先后担任参议员和司法部长。最小的爱德华·肯尼迪也是参议员。对政治权力的孜孜以求成为肯尼迪家族延续至今的传统。在他们之后，肯尼迪家族中又涌现出一批政治新星，约有26人相继活跃在美国政治的舞台上，驻日大使卡洛琳·肯尼迪便是其中代表。

布什家族的从政经历至少可以追溯四代。布什的曾祖父萨缪尔·布什是钢铁石油大亨，曾担任过胡佛总统的顾问。第一个在政坛站稳脚跟的是布什的爷爷普雷斯科特·布什，他先经商后从政，当联邦参议员多年，结识了艾森豪威尔总统，为后辈从政打下了基础。普雷斯科特之子乔治·布什先后担任过国会议员、驻联合国大使、美国中央情报局局长等要职，在里根政府时期担任两届副总统，后来当上美国总统，在其任内，美国赢得了海湾战争，国力达到冷战以来的巅峰。他的两个儿子紧随其后，又成为美国政坛举足轻重的人物。长子乔治·沃克·布什的发展轨迹与父亲十分相像，他耶鲁大学毕业后，进入石油业发展，后来担任得克萨斯州州长，曾在2000—2008年担任了两届美国总统。二儿子杰布·布什担任两届佛罗里达州州长，如今已经宣布参选，将延续布什家族的政治传统。

克林顿家族并非典型意义的政治家族。在比尔·克林顿和希拉里·克林顿投身政治之前，双方家庭均未有载入史册的政界要员。但凭借夫妇二人的个人努力与相互配合，这个初出茅庐的政治家庭已经在盘根错节的美国政坛上闯出了一片天空，大有后来者居上的态势。比尔·克林顿从阿肯色州总检察长开始做起，后成为该州州长。1992年，年轻、充满活力、主打经济牌的克林顿一路高歌猛进，超越了老布什总统，在竞选中获胜。后又因出色的经济治理能力连任，被誉为“最聪明的美国总统”，在美国民众中享有很高声誉。他的妻子希拉里·克林顿在丈夫卸任总统后投身政坛，一举拿下了纽约州参议员的席位，并在2008年向总统之位发起冲击。虽然最后未能在党内胜出，但她出色的能力获得了奥巴马的认可，随后被任命为国务卿，利用这一职位，她充分展示了自己的敬业精神与外交风采，成为奥巴马第一任期内外交战略的主要设计者和推手，被民众誉为“劳模国务卿”。若2016年大选能够胜出，她不仅能成为美国历史上首位女性总统，还能使克林顿家族成为美国历史上最新崛起的政治豪门。

纵观美国五大政治豪门，我们不难发现，政治世家的经营模式和豪门巨贾的家族生意有着异曲同工之处。雄厚的经济基础、良好的教育背景、庞大的人脉关系网络、较高的社会声望和关注度、一以贯之的参政意识和权力欲望、对政治智慧和经验的心口相传是支持这些豪门“江山代有才人出”的根本原因。政治世家通过经营上述资源、按照着隐性的游戏规则复制着一代又一代“权贵”，使家族的政治遗产得以绵延不断地传承。对于这些政治豪门来说，投身政治与其说是一种事业，不如说是一种生意或是产业。

“圈子”现象有何制度弊病？

精英政治和金钱政治为政治世家的形成提供了便利。当权者不仅需要回馈这些利益集团，还需要用实际行动与这些利益集团结成一种政商同盟的关系。

众所周知，在西方，金钱是和权力画等号的，个人财富决定着一个人的社会地位。以美国的选举为例，竞选的双方候选人比拼的不只是政治主张，更重要的是各自的筹款能力。通常情况下，竞选资金的多少决定了选举的最终结果，金钱和权力被紧密地捆绑在一起。美国的民主政治事实上成为了“有钱人才能玩得起的游戏”，决定美国政治走向的，只是占有社会99%财富的1%的精英而已。有政治学者尖锐地指出，美国实际上是由富人在制定规则，维护富人利益的社会。这种精英政治和金钱政治为政治世家的形成提供了便利。

在美国的制度设计中，一部分腐败行为被合法化了。不仅利益集团向候选人提供政治献金是合法的，当权者利用一部分官职来回馈支持者也是合法的。总统能够完全按照自己的意愿组建自己庞大的幕僚团队，“一朝天子一朝臣”、任人唯亲的现象极为普遍。在小布什政府，从切尼、拉姆斯菲尔德到鲍威尔、赖斯，这些高官清一色的全是老布什的旧部。布什家族为他们提供的是迈向更高权力的机遇，而这些人则毫无保留地奉献了自己对布什家族的忠诚。他们已经形成了和布什家族“一荣俱荣”的权力关系，和其他高官相比，这些人更像是布什世家的“家臣”。

在美国政治中，利益集团政治也是一个鲜明的特征。想要问鼎白宫，利益集团的支持必不可少。前共和党竞选战略家菲利普斯在《美国王朝：贵族统治、财富和布什家族的欺骗政治》一书中，揭示了布什家族通过强大的关系网、巨大的财富赢得了白宫宝座，并认为布什家族和金融、石油、军工企业以及情报机构结成了无形的同盟关系。事实上，小布什发动的两场战争，这些利益集团是直接的受益者。缺少了这些实力雄厚的财团的支持，一个候选人很难问鼎白宫，而一旦入主白宫，当权者不仅需要回馈这些利益集团，还需要用实际行动与这些利益集团结成一种政商同盟的关系。一个总统在任期间所积累下来的这种信誉和口碑，不仅能为自己卸任后带来大量利益，还能够通过政治世家的权力传承，将这部分关系过渡给自己的下一代。而利益集团也急需寻找这种“稳定的代言人”，使他们在“下注”的时候“心中更有底气”。可以说美国的利益集团政治加剧了美国政治的世袭现象。

（金灿荣为中国人民大学国际关系学院副院长，董春岭为中国人民大学中国现代国际关系研究院助理研究员）

从西方殖民史看它们的自由民主人权

辛向阳

美国学者福山曾经认为，人类400年来历史发展的方向性就是指向自由民主。他说："事实上，自由民主制度的发展，连同它的伴侣——经济自由主义的发展，已成为400年来最为显著的宏观政治现象。"其实，更准确地说，400年来最为显著的宏观政治现象就是西方自由民主人权在为殖民主义摇旗呐喊、竭力在辩护中发展起来，一部西方自由民主人权的发展历史就是充满殖民主义硝烟的历史。

西方自由民主人权本质上是资本的权利，并与殖民主义相伴相随，它不断为资本输出经济利益与进行贸易掠夺提供舆论支持。

西方自由民主人权从出现之日起就带着资本天生的印记

英国17世纪的思想家洛克被很多人看作是现代自由民主人权理论的开创者，他的理论让我们感觉到，似乎一开始西方人就站到自由民主文明的制高点上。但作为美国20世纪最重要的政治哲学家之一的麦克弗森却指出了一个事实：洛克的理论本质上是有产者的理论。他指出，人们习惯于从洛克的政治思想中读出很多自由主义民主的假设，如基于同意的政府、多数统治等。但这些都是误读，因为这些假设都属于后来的时代，而不属于洛克所生活的17世纪的英国。麦克弗森分析指出，洛克强调了多数统治的原则，但他这里所说的大多数不包括人数占一半以上的无产者，是指有一定财产同时拥有完全公民身份和完整的政治权利的有产者，多数统治的本质是有产者的多数统治。处于统治地位的永远是有产的少数，而占人口多数的劳动阶级只能被迫接受永久被统治的“正义状态”。麦克弗森认为：“洛克的惊人成就就是把财产权建立在自然权利和自然法之上，然后把所有对自然权利的限制从这种权利中清除出去。”麦克弗森强调，洛克把劳动阶级看作一个政治社会的必要组成部分，但由于他们并不真正关心财产的保存（因为他们没有财产），而且他们没有也不可能过一种完全理性的生活，因此不是政治体的完全成员，亦即不享受完整的政治权利，特别是没有选举权。显然，洛克的民主理论是为资本服务的，同样，他的自由理论也是如此。洛克说：“……人类确实具有一种‘天赋的自由’。这是因为一切具有同样的共同天性、能力和力量的人从本性上说都是生而平等的，都应该享受共同的权利和特权……”这种天赋的自由就是要保护资产者的财产自由、贸易自由、剥削自由。所以，马克思在谈到自由时说道：“先生们，不要受自由这个抽象字眼的蒙蔽！这是谁的自由呢？这不是一个普通的个人对待另一个人关系上的自由。这是资本压榨劳动者的自由。”

西方自由民主人权是资本生存与发展的思想土壤，自由民主人权的背后是资本的奴役

马克思在《资本论》中说：劳动力的买和卖是在流通领域或商品交换领域的界限以内进行的，这个领域确实是天赋人权的真正乐园，“那里占统治地位的只是自由、平等、所有权和边沁。自由！因为商品例如劳动力的买者和卖者，只取决于自己的自由意志。他们是作为自由的、在法律上平等的人缔结契约的。契约是他们的意志借以得到共同的法律表现的最后结果。平等！因为他

们彼此只是作为商品占有者发生关系，用等价物交换等价物。所有权！因为他们都只支配自己的东西。边沁！因为双方都只顾自己。使他们连在一起并发生关系的唯一力量，是他们的利己心，是他们的特殊利益，是他们的私人利益。正因为人人只顾自己，谁也不管别人，所以大家都是在事物的预定的和谐下，在全能的神的保佑下，完成着互惠互利、共同有益、全体有利的事业。”马克思接着分析说，真正乐园的背后就是失乐园，自由背后是奴役，平等背后是阶级特权，人权背后是资本的财产权，“一离开这个简单流通领域或商品交换领域……就会看到，我们的剧中人的面貌已经起了某些变化。原来的货币占有者作为资本家，昂首前行；劳动力占有者成了他的工人，尾随于后，一个笑容满面，雄心勃勃；一个战战兢兢，畏缩不前，像在市场上出卖了自己的皮一样，只有一个前途——让人家来揉。”（《马克思恩格思全集》第23卷第199页）

西方自由民主人权输出是资本利用最小代价、获得最大利益的重要条件

西方自由民主人权与殖民主义相伴相随，它不断为资本输出经济利益与进行贸易掠夺提供舆论支持，这是资产阶级自由民主人权的本性所要求的。马克思在《论犹太人问题》一文中指出：“私有财产这一人权是什么呢？”“这就是说，财产权这一人权是任意地、同他们无关的、不受社会影响地享用和处理自己的财产的权利；这一权利是自私自利的权利。”“财产问题就是资产阶级的切身问题。”当然，输出自由民主人权就是输出资本的财产权，输出其用最不平等的手段来获取利益的权利。马克思在1858年写道：任何时候只要我们仔细地研究一下英国的自由贸易的性质，我们大都会发现，它的“自由”说到底就是垄断。自由贸易就是英国人的垄断贸易，就是英国资产者的特权。

凭借着殖民掠夺和奴役贸易，殖民者完成了资本的积累，西方自由民主人权制度开始流行开来。从18、19世纪开始，殖民主义者以传播自由民主人权的西方文明为名，依靠军事扩张，占领世界市场、倾销本国商品。

号称自由民主人权的国度发源于殖民掠夺和奴役贸易，是以世界人民的血泪为基础而建立起来的。

西方自由民主人权的发展是以屠杀印第安人、贩卖黑人奴隶为基础的。16世纪，西班牙人对拉丁美洲印第安人的征服是十分残暴的。玛雅人写道：“白人老爷们来到我们的土地上，他们带来了恐惧，使花儿凋谢。为了让自己的花朵开放，他们摧残了别人的花朵。”“他们的君王虚伪，暴君僭位，爱财如命。他们是白日的强盗，黑夜的罪犯，世界的凶手！”殖民主义在非洲贩卖黑人奴隶，上演了人类历史上最野蛮的行径。这种野蛮行径来自于资本对利润的渴求。贩奴商人出航一次，一般可以获得100%—300%的利润，有的利润甚至高达1000%。一本万利、无本万利的奴隶贸易使资本敢于践踏人世间一切法律、一切人权。据黑人著名历史学家W·E·B·杜波依斯估计，被殖民主义者从非洲贩卖到美洲大陆的黑人奴隶，16世纪为90万人，17世纪为275万人，18世纪为700万人，19世纪为400万人，共计约1500万人。这只是活着到达美洲大陆的奴隶的人数，在运输过程中被折磨致死的人数更是达到活着人数的数倍，很多学者认为奴隶贸易使非洲至少损失了5000万以上的人口。美国著名的历史学教授斯塔夫里亚诺斯在1981年出版的《全球分裂》一书中就悲愤地指出：“贩卖奴隶令人触目惊心之处在于从非洲内陆最初劫掠的奴隶几乎是最后在南、北美洲登陆的奴隶的4倍。算来一共糟蹋了4800万人，差不多全是生产力旺盛的青壮年。”这使非洲的发展陷入了几百年的停滞状态。靠着掠夺和贩卖黑奴，殖民者完成了资本的积累，工业开始发展起来，民主政治也开始完善起来，自由民主人权制度开始流行开来。资本并不满足于此。从18、19世纪开始，殖民主义者以传播自由民主人权的西方文明为名，依靠军事扩张，占领世界市场、倾销本国商品。

号称自由民主人权的国度对印度的倾销棉纱带给印度累累白骨。1818至1836年，英国输往印度的棉纱增加了5200倍。1850年，英国对印度的棉纺织品输出占英国棉纺织品输出总值的65%。殖民当局规定，英国输入印度的货物只收极低税，甚至免税，印度纺织品在本国销售，却要交极高的内地税。在英国控制下，印度棉织工业急剧衰败，著名纺织业中心达卡，人口从15万减少到3—4万人，无数手工业者因此破产，挣扎在死亡线上。当时的印度总督本廷克也不得不承认："这种灾难，在商业史上几乎是绝无仅有的。棉织工人的白骨使印度平原都白成一片了。"为了使白骨累累的印度平原显出一些温情脉脉，殖民主义者口里念念不忘所谓的自由民主人权。他们一方面用自由民主人权的"圣杯"来喝下已经掺入殖民地人民鲜血的"甜美酒浆"，另一方面用自由民主人权来保护殖民者在殖民地攫取的各种特权和法外治权。马克思说："当我们把目光从资产阶级文明的故乡转向殖民地的时候，资产阶级文明的极端伪善和它的野蛮本性就赤裸裸地呈现在我们面前，它在故乡还装出一副体面的样子，而在殖民地它就丝毫不加掩饰了。"当他们在欧洲大谈国债神圣不可侵犯的时候，难道他们不是同时就在印度没收了那些把私人积蓄投给东印度公司作股本的拉甲（印度王公）所应得的红利吗？当他们在印度大谈自由民主人权的时候，他们是在制造现代种姓制度：英国人是享有着无数特权的"婆罗门""刹帝利"，印度人则成为了低贱的"首陀罗"。英国著名作家福斯特在1924年出版、被称为20世纪最后一部成功的现实主义传统小说的《印度之行》中开篇就告诉我们：昌德拉普尔在莫卧儿帝国时期是印度北部通往海上的必经之地，几所漂亮的住宅便是那个时候修建的，之后200年的殖民主义使这里凋敝："街道鄙陋，寺庙冷清；巷子里污物成堆，除了应邀而来的客人之外，无人不望而却步。""与之相反，城内却是另一番景象。从这儿来看，昌德拉普尔却完全像另外一个地方，简直就是一座花园之城。特别是雨季之后，无论什么东西从树下走过，都能被遮蔽起来，无论何时，甚至在它枯萎或落叶的时候，都是为居住在这个高地上的英国人美化着这座小城。"其实，在整个殖民时代，印度到处都充满着这样的景象。一边是宗主国资本的自由民主人权，一边是殖民地人民的眼泪鲜血苦难。

号称自由民主人权的国度对中国的鸦片倾销带给中国人民悲惨命运。英国为了获得中国的茶叶，从19世纪初开始对中国进行鸦片倾销。1800年，输入中国的鸦片是2000箱，1820年为5147箱，1824年为12639箱，1834年为21785箱，

1837年为39000箱，1856年已经超过56000箱（总值3500万美元，是英国政府1856年财政收入的1/6）。马克思在《鸦片贸易史》中引用英国人蒙哥马利·马丁的话说："不是吗，'奴隶贸易'比起'鸦片贸易'来，都要算是仁慈的。我们没有毁灭非洲人的肉体，因为我们的直接利益要求保持他们的生命；我们没有败坏他们的品格、腐蚀他们的思想，也没有毁灭他们的灵魂。"但鸦片贸易这两点都做到了。鸦片贸易之所以能够做到这两点，依靠的就是坚船利炮和自由民主人权，自由民主人权开言，坚船利炮开火。马克思在1857年撰写的《英人在华的残暴行动》中讲到了英国说的人权完全就是英国资产者的财产权，他们把中国人根本不当作人来看待，马克思说："广州城的无辜居民和安居乐业的商人惨遭屠杀，他们的住宅被炮火夷为平地，人权横遭侵犯，这一切都是在'中国人的挑衅行为危及英国人的生命和财产'这种荒唐的借口下发生的！"从1840年到1949年的100多年中，几乎所有资本主义、帝国主义国家都参与了对中国的侵略和掠夺。西方列强在中国的活动，几乎都是以自由民主人权等口号为掩盖、以享受条约所赋予的种种特权为特征的。它们通过表面上平等、实质上极为不平等的条约在中国取得种种特权，如设立港口、自由进出中国的内河，设立租界，开矿设厂，修筑铁路，设立银行、商行，驻扎军队，建立教堂、传播宗教，划分势力范围，享有领事裁判权和片面最惠国待遇，控制中国海关等。回顾近代中国丧权辱国、外国人在中国横行霸道的悲惨历史，真是令人感慨万千。在2014年6月9日召开的两院院士大会上，习近平同志说，回首我国近代史，中华民族遭受的苦难之重、付出的牺牲之大，在世界历史上是罕见的。

说的一套，做的一套；国内一套，国际一套；此时一套，彼时一套；白人一套，非白人一套；主流社会一套，弱势群体一套。严格说来，自由民主人权并不是西方国家全体认同的价值观，而是具有很多利益动机的口号。

西方价值观是带有狼性的。西方自由民主人权制度，助长了西方国家对劳动者的贪婪剥削和对殖民地国家人民的灾难性劫掠

如果站在有产者的利益上，就会得出结论说：西方国家的繁荣发展是由于这些国家建立了自由民主人权制度。实际上，西方国家的经济增长是由于资本对劳动者的贪婪剥削和对殖民地国家人民的灾难性劫掠，西方自由民主人权制度助长了这种剥削和劫掠，资本试图用自由民主人权一类温情脉脉的话语来掩盖其昭彰的罪恶。被称为市场经济理论鼻祖的亚当·斯密在其代表作《国富论》中指出：专制性质的殖民地政府会比民主共和政府更能保护奴隶的利益，民主共和更有利于资本的统治。斯密指出："法律，就其能给予奴隶一些微弱的保护使之不受主人虐待而言，在一个很大程度上是专制政府的殖民地，比在一个完全自由的殖民地执行得更好一些。""在共和制下，没有一个地方长官有足够的权威去保护奴隶，更不要谈惩罚主人。"也就是说，自由民主人权制度恰恰是最适合资本进行殖民剥削的制度。如果站在少数人的立场上，就会得出结论说：鸦片战争以来，西方国家从来就没有想对中国进行殖民统治，只是想在自由民主人权制度的基础上与我们平等地做生意。有的学者竟胡说，1840年，列强最初来到中国还是希望按照市场的逻辑从事商贸和交流，并没有想用强盗的逻辑征服中国。"如果当时中国的当权者能理解市场的逻辑，顺应全球化的大趋势，主动开放门户，改革体制，再有一个合适的外交战略，中国不仅不需要割地赔款，而且完全有希望与列强平起平坐，如日本经历所显示的那样。但我们拒绝了市场的逻辑，最后被强盗的逻辑征服了。由此，我们有了现在所知道的这200年的中国历史"。这本身就是强盗逻辑。西方来到中国绝对不是要把市场经济、民主政治教给中国，让中国强大起来，而是让中国永远成为他们自由掠夺、任意欺凌的殖民地。

有些人忘记了历史思维，
把西方自由民主人权制度当作是天然的东西。
实际上，西方的自由民主人权制度发展得十分缓慢

有些人忘记了历史思维，把西方自由民主人权制度当作是天然的东西，不去研究这些制度在400年前的历史状况、300年前的历史状况和200年来、100年的历史发展，认为西方自由民主人权一产生就长成了“巨人赫拉克勒斯”或者“力士参孙”。看待西方自由民主人权，列宁的思想有重要指导意义。列宁在《论国家》一文中讲：“要非常科学地分析这个问题，至少应该对国家的产生和发展作一个概括的历史的考察。在社会科学问题上有一种最可靠的方法，它是真正养成正确分析这个问题的本领而不致淹没在一大堆细节或大量争执意见之中所必需的，对于用科学眼光分析这个问题来说是最重要的，那就是不要忘记基本的历史联系，考察每个问题都要看某种现象在历史上怎样产生、在发展中经过了哪些主要阶段，并根据它的这种发展去考察这一事物现在是怎样的。”实际上，西方的自由民主人权制度发展得十分缓慢。1688年英国“光荣革命”后，英国选举制度规定农民拥有年收入40先令以上者的田产才有选举权。过了近200年，1867年的改革进一步降低了选民资格，法律规定，各郡凡年收入5英镑者均拥有选举权，城市中租用不带家具的住房在12个月内付租金达到10英镑者也有选举权。又过了50多年，英国1918年的《国民参政法》才让30岁以上的妇女拥有了选举权。法国在1791年确立的选举制度，把公民分为“积极公民”和“消极公民”，所谓积极公民就是拥有一定财产和纳税的人，积极公民只占所有公民的25%，只有他们才享有选举权和被选举权；过了半个世纪，在1848年革命时，由于工人阶级为主体的人民群众展开了争取普选权的斗争，同年3月2日，临时政府颁布法令，决定实行男性公民的直接普选；再过了近100年的1944年，法国妇女才获得普选权。美国在1787年费城制宪期间，是把奴隶制度包含在所谓民主人权之中的。美国学者鲍恩在《民主的奇迹：美国宪法制

定的127天》中说：经过争论，制宪会议代表“最后，大家协议，宪法继续允许奴隶进口，直至1808年为止，以后就予以禁止”。实际上，美国到了20世纪60年代依然存在着严重的种族隔离制度这一现代奴隶制度的变种。1964年，美国第二十四条宪法修正案才取消了选民人头税及其他税种的限制。

一些人把西方学者描述的理念上的自由民主人权当成了现实，以为现实也是如此。实际上，西方自由民主人权的理论与其现实之间存在着巨大的鸿沟

几百年来西方的自由民主人权理论有了长足的发展，各种各样的思想层出不穷，让人眼花缭乱。一些人把西方学者描述的理念上的自由民主人权当成了现实，以为现实也是如此。实际上，西方自由民主人权的理论与其现实之间存在着巨大的鸿沟，正如马克思在《路易·波拿巴的雾月十八日》中指出的：“宪法的每一条本身都包含有自己的对立面，包含有自己的上院和下院：在一般词句中标榜自由，在附带条件中废除自由。”西方学者高喊的自由民主人权大多还是观念上的，是无法企及的乌托邦，理论上美妙的东西在现实政治制度中经常会被资产者给予废除。

几百年来，西方自由民主人权制度吸吮着殖民主义掠夺来的巨额财富的“乳汁”成长起来，为殖民主义坚船利炮提供着思想火药，成为殖民主义不可或缺的“帮手”。

（作者为中国社科院马克思主义研究院研究员、博士生导师）

法治思维的基本要领

孙笑侠

十八届四中全会明确提出，要把法治建设成效作为衡量各级领导班子和领导干部工作实绩的重要内容，纳入政绩考核指标体系。高级干部尤其要以身作则、以上率下。要把能不能遵守法律、依法办事作为考察干部的重要内容，在相同条件下，优先提拔使用法治素养好、依法办事能力强的干部。对特权思想严重、法治观念淡薄的干部要批评教育，不改正的要调离领导岗位。上述要求，对包括行政机关领导干部在内的所有领导干部自觉树立法治思维、运用法治方式，提出了更高要求。那么，领导干部需要什么样的法治思维？如何提高法治思维？这里我试着概括法治思维的基本要领。

规则至上思维

普遍的法治思维，一切从讲规矩、讲规则开始。在任何工作中，制订规则很重要，制订“良法”（合理的规则）更重要。在有规则之后，尊重规则成为第一要务。规则至上思维，就是以既定的法律规则为依据，运用法律规则中的法律术语进行观察、思考和判断。

比如，某派出所接到电话举报，称其辖区内一居民正在家里播放黄色录像，遂派4名民警未带任何文书在该居民房屋外通过门窗向内窥视，之后又强行进入居民家中搜查。此时，一个有法治思维的民警就应该考虑：我已经具备为此事出警的法律依据了吗？事实上，与此事有关的法律规定简单而又明晰。相关法律只规定不得“组织播放淫秽音像”，而没有规定不得在家里播放淫秽音像。因此，民警不能以此为由搜查该公民住宅，更不能因此惩罚观看淫秽音像的公民。

从法律人的专业角度来讲，规则至上思维就是在严谨的概念、严格的逻辑、严密的方法之下，形成概念主义或注释主义的思维和方法。当然，规则与规则之间是有效力高低或优先秩序的。比如，当法律与宪法相矛盾时，以宪法为准；当行政法规与法律相冲突时，以法律为准。当同等级别的老法规则与新法规则相冲突时，应当坚持“后法优于前法”原则。当同一效力级别的特别法规则与一般法规则相冲突时，坚持“特别法优于一般法”的原则。

所谓“法无明文不为罪”，其实就是指一切被定为犯罪的行为必须是刑法明文规定的，法律上无明文规定的行为不得类推为犯罪。当遇到复杂案件而法律不明确甚至出现漏洞时，除刑事案件外，均需要对法律规则进行解释，借助一套法律方法来对付这种规则大前提下的缺陷。这套法律方法通常是为法官、检察官和律师所熟练掌握的。如果党政领导干部不了解这套法律方法，可以借助于法律顾问。随着法治的深化，这类问题日益凸显，所以此次四中全会提出“积极推行政府法律顾问制度”。

在法治的要求下，任何人都要守法，党委和政府也要守法，并且必须带头守法。比如，前述案例中的这四个民警不能认为：既然自己是执法者就有理由来治安，就可以无视民权而强行进入民宅。公权力主体应当对法律怀有敬畏之心，这才是法治思维。

改革30多年来的事实告诉我们，法律规则难免与改革时势不一致，甚至束缚改革。但是，当前的法治形势与过去数十年已有所不同。在法律体系已基本建立的今天，如果我们仍像过去那样认为“改革可以冲破法律禁区”，就不合时宜了，也是对法治的破坏。所以，四中全会还提出，要“做到重大改革于法有据”。当法律规则发生错误或者滞后的问题时，我们可以、也必须通过法治的方式来解决，通过及时的立、改、废、释，通过程序来解决。

权利本位思维

任何案件到法官律师手里，都必须首先考虑权利及其根据。党政官员在处理涉及公民或法人利益的事务时，也要从他们的权利角度考虑。因为，公民权利是权力的边界。

比如，前述派出所民警查处黄色录像，窥视和强行搜查民宅。面对类似事件，从法治思维的要求来讲，执法者应当多考虑一个问题：公民有没有在家做某事的权利或自由？或者至少要考虑，民警强行进入公民家中搜查某物品，是否会牵涉或影响到公民的某种权利？如果有法治思维，就会比较谨慎地处置类似的事件，也就会用法治方式来管理社会。实际上，该四名民警的搜查行为已经涉及公民的住宅权。窥视也好、强行进入也好，都构成对该公民住宅权的侵犯。如果执法者多从公民权利角度考虑，就可止步于侵权发生之前。

权利本位思维还表现为人权思维。这主要集中在公权力与私权利直接关联或接触的领域，比如犯罪嫌疑人的人权、征地农民的人权、街头商贩的人权等。这就要求国家机关及其工作人员有人权意识，要尊重和保障人权。

若是法律上没有规定的利益，是否要尊重和保护？1998年5月，四川省阆中市水观镇个体经营户李茂润受到一精神病患者的严重威胁时，多次向水观派出所求助，但派出所未予理睬。某日，李茂润为了求生，被迫从二楼跳下致重伤，遂起诉派出所。这叫“行政不作为”。这种行为是否应该承担赔偿责任？法律上没有规定，这属于法律漏洞。法院如何判决呢？经过5年的折腾，最后由最高人民法院作出司法解释，确定本案中存在不作为的行政行为所导致的损害，政府也应当赔偿。因为按照权利本位思维，哪怕法律上暂时没有结论，但只要案件中的公民利益涉及某种权利或至少意味着一项自由，公权力就应当予以尊重。

在市场领域，法治也同样要求法律把禁止公民、法人做的事项列出来。这在中国（上海）自由贸易试验区的法律实践中叫“负面清单”。没有被列入“负面清单”的事项，公民和法人都可以做。这就是所谓“法无禁止即自由”，体现的正是法治思维中的权利本位思维。

权力控制思维

任何不受约束的权力都会膨胀甚至腐败。因此，法治要求权力受到控制，这也就是所谓“把权力关进制度的笼子”。

公权力总是有各种正当的理由和目的，来触碰公民权利。比如民警搜查黄碟案中，可以看到警察会因治安的理由而触碰到公民权利，并且很有可能侵犯到公民自由或权利。治安的理由是正当的，可以说政府在多数情况下，行使权力的理由都会是正当的，但是你不能认为自己的理由是正当的，就可以乱来。从社会整体而言，权力不受限制的后果就是：任何人都没有安全感。

正如全国人民支持反腐败，但也都意识到“制度防腐”胜于“人力反腐”。如果要把权力关进制度的笼子，这只“制度笼子”该有哪些柱子呢？至少应有五根柱子，即五方面：一是权利，比如公民和法人，可对政府提出复议申请，也可起诉。二是法定权限，即法无规定无权力。有些重要事项由法律保留，只能通过人大制定法律，政府不得自行规定；在法律上，把政府权力列明清单，没有列入“权力清单”的，就不是你的权力，你也不能随便给自己增加任何权力。三是正当程序，通过程序来控制权力。如果程序有瑕疵，就会带来行政行为无效的后果。四是监督，通过本系统之外的力量，如人大和法院对政府的监督与审查。五是裁量基准。这是个很重要的“制度柱子”，在四中全会的《决定》中也提到了。

现代行政有自由裁量的情况，要求行政执法者在合法的幅度范围内，还要做到合理。这个合理的基准相当细致也比较复杂，需要行政执法机关在情理和情节上作出规定。比如，食品安全法规定，未经许可生产食品添加剂货值金额不足10000元的，可处2000元以上50000元以下罚款。在这个范围内的处罚都是合法的。但是，到底处罚多少钱呢？这就需要设定行政裁量基准，按这个既定的基准来权衡裁量。比如，应该考虑的因素有哪些？且要排除不应该考虑的因素，避免以不正当的动机作出行政决定，避免以恶意或不诚实行使裁量权，等等。

程序优先思维

法治思维要求重视程序，充分发挥程序的作用。遇到有争议或纠纷的问题，即使是非对错很清晰，也要善于考虑程序上的处理方式，让争议各方平等地发表意见。如果法律程序不到位，决定可能无效甚至违法。比如，行政机关作出吊销许可证或者执照等行政处罚决定之前，应当告知当事人有要求举行听证的权利。这里的“告知”就是一个程序。当事人要求听证的，行政机关应当组织听证。这个“听证”是作出处罚前的必经程序。执法者要有这个程序优先的意识。

一些西方国家的司法用正义女神作为图腾。这是一位被一块布蒙住双眼的女神。根据我的考证，这块蒙眼布就是正当程序。正当程序有两个功能。一是有意识地阻隔对法外因素的过多考虑。二是有意识地阻隔对结果过早的把握。因此，这也构成了正当程序的优势和特殊功能：把争端各方统一到程序中来。我们的世界已变得越来越错综复杂，价值体系五花八门，常常很难就某一点达成一致，一个问题的“正确”答案也是因人而异的。因此，程序是冲突各方最容易达成一致的地方，也是纠纷各方唯一能达成一致的地方。

程序优先思维还意味着，我们对司法权的尊重和对司法程序的尊重。法治思维要求大家不要干预司法活动，应当让司法机关独立公正地行使判断权。这也是各级党政干部有无法治思维的重要标尺。

程序也是一种良好的工作方式。无论是解决纠纷，还是作出决策，都离不开程序。要相信，一切难题总可以在正当程序中突破。所以，四中全会《决定》中在科学立法、严格执法和公正司法等方面都强调程序的重要性，特别要求重大行政决策必须“把公众参与、专家论证、风险评估、合法性审查、集体讨论决定”确定为法定程序，以“确保决策制度科学、程序正当、过程公开、责任明确”。

技术理性思维

在法治社会，法律职业思维与大众生活思维形成鲜明对照。技术理性和专业逻辑是法治所要求的。它是经法律专业训练的结果，主要表现在法官、检察官和律师的思维。在法治要求之下，它也扩大到了代表政府执法的公务员甚至更广泛的范围。

自古以来，处理法与情的关系是衡量法治思维的重要标准。原则上讲，法治思维重视逻辑但并不排斥“情理”，而是在法律逻辑的前提下关注情理。大众思维多属道德思维，是一种以善恶评价为中心的思维活动；而法律思维是以事实与规则认定为中心的思维活动。因此，法律思维首先是服从规则及其逻辑，而不受大众化情感因素的左右。具体到公权力主体，就是应当在注重缜密的法律逻辑的前提下，再考虑“情”的因素。

技术理性思维还表现在对待事实和证据的态度上。执法、司法过程中的所谓“以事实为根据”，其实是指“以证据为根据”。如果证据是非法取得的或者证据灭失了，那只能放弃对事实的认定。法律思维把事实分为客观事实和法律事实两种。前者是客观真实世界的事实，比如科学家就是想探索客观事实。后者是法律意义上的，它只在法律程序中通过证据来证明。如果有证据可以证明，就构成一个法律事实。如果既有的证据证明不了，就不能作进一步认定。就好像在著名的辛普森杀人案中，关键证据缺乏，就不能认定他有罪。放弃追诉一个犯罪嫌疑人的危害性远远小于冤枉一个好人。换句话说，一个错误的判决比10次犯罪的危害更严重。这就是法治对于证据、犯罪、侦破率的态度，也构成了法治思维的有机组成部分。

法治思维需要我们下决心转变过去的思维惯性，敢于付出必要的代价。比如，实现政治目标的手段单一化了，运用政策、动员、行政命令手段的使用范围和程度受到限制，权力的灵活性和自由度降低。但相对于“法治社会”这一全体人民的新共识和新目标来说，这些代价都是必要的。

（作者为复旦大学法学院院长）

从“民主条件论”到“民主困境论”

——国外学者对西方民主制度“正在衰退”的观察

周敏凯

福山曾经乐观地预言：西方现代民主形态实现了全球化的目标。但是，世界民主化进程命运多舛。民主化的第三波浪潮在少数社会主义国家的政治现代化进程中并没有造就西方现代民主形态，而是催生出了社会主义现代民主形态。

西方民主理论无力回应“民主退化”问题

20世纪六七十年代，熊彼特、阿尔蒙德、达尔等许多学者主张“民主条件论”。他们坚持认为民主是现代化发展到一定阶段、一定程度的产物。建构现代民主形态有赖于一系列前提条件，包括市场经济的养成与社会财富的大量积累、中产阶级占据一定的比例、宽容的社会文化价值观念的形成以及国家经济体系的独立性等。一般来说，“民主条件论”可以解读第一波、第二波民主化浪潮的历史现象。

但是，“第三波民主化浪潮”已经证明，熊彼特、阿尔蒙德、达尔等学者主张的“民主条件论”难以解读世界民主发展的现实，因而遭到不少学者的批判，并陷入“民主理论困境”。斯密特与利普塞特等西方学者的“现代民主形态多元化理论”，既承认资本主义现代民主形态存在的合理性，也承认非西方现代民主形态存在的合理性。

无论是“民主条件论”的倡导者，还是“民主形态多元化理论”的鼓吹者，都仅仅关注现代民主概念的研究，尚无力回应西方后现代化社会出现的“民主退化”问题。为了摆脱民主实践困境，一些西方学者将研究重点逐步转向民主行为、民主程序与民主过程等具体民主现象和“民主烦恼”问题，更多地关注不同社会属性的现代民主形态的比较研究。例如，关于民主过程的研究，不该再局限于资本主义制度下的民主过程研究，而应拓展到其他社会制度下民主政体转型与不同社会属性的民主形态比较研究，并且发展出现代民主转型与多元民主形态比较研究等新的理论研究范畴。

西方民主形态陷入了难以自拔的制度困境

2008年美国次贷危机引发了资本主义世界金融危机，在应对金融危机过程中，发达国家的现代民主制度暴露出了严重的缺陷。2011年9月17日，美国民众聚集纽约曼哈顿，发起“占领华尔街”和平示威并很快蔓延到全球多个国家及地区。此次金融危机也从经济领域扩展到政治、社会等领域，从美国蔓延到几乎全部西方发达国家，这充分反映出资本主义社会制度的严重缺陷以及西方现代民主形态存在内生性体制弊端。尽管三权分立的分权制度是西方现代民主形态的核心，但是西方政治制度无力制约资本力量，金融资本力量驾驭政治权力的基本特征难以改变，金钱左右民主的痼疾无法根除。

2013年10月，美国联邦政府遭遇“关门风波”。其实，美国政府的“关门风波”已经不是第一次发生了，克林顿政府时期就发生过类似的政府危机。美国政府“关门风波”不但拖累美国经济，而且深刻暴露出美国民主制度存在顶层设计的缺陷。美国前财长劳伦斯·萨默斯指出，美国政府的“关门风波”充分“暴露了美国民主的失灵，是应当避免的坏榜样，而不是值得模仿的好榜样”。

美国民主体制的先驱者主要以法国启蒙思想为指导、以分权制衡原则为基础，设计出政党竞争、两院分治的美国式现代民主制度。这一制度原本是为了制约权力集中与权力腐败，但现在却演化成恶意打压、恶性竞争、顽固僵硬的两党争斗，无论执政党还是在野党，都在滥用选民赋予的权力，为自己党派利益服务，全然不顾全国民众的利益与国际社会的感受。以多数原则为基础的“美国式”民主制度已经退化为“否决政体”和恶意竞争的劣质民主制度，西方民主形态陷入了难以自拔的制度困境。

照搬西方民主的不少后发国家
陷在“现代民主烦恼”中苦苦挣扎

西方现代民主形态的合理性不仅遭遇自身民主退化的制度困境，同时也面临着“民主输出”的现实困境。

应该指出，在第三次民主化浪潮中，不少后发国家不顾自身国情与文化传统，简单照搬西方现代民主形态，尽管可能取得一时的经济发展，但不久就陷入内乱和分裂的泥淖不能自拔，并在“现代民主烦恼”中苦苦挣扎。近年来，西亚、北非地区的国家在西方强权干预与制造的“颜色革命”中开始西方式的民主化进程，但都付出了惨重的代价。例如，菲律宾、泰国、乌克兰、吉尔吉斯斯坦等国充斥着失望、腐败与混乱；海地、伊拉克、阿富汗、刚果民主共和国等国则充满绝望。

美国学者乔舒亚・柯兰齐克2013年出版了新著《撤退中的民主：中产阶级的反抗和代议制政府在世界范围内的衰退》。他在该书中指出，过去几年里发展中国家“民主制度的总体质量已经恶化”。在被调查的167个国家和地区中，91个国家和地区的民主状态出现不同程度的恶化，全球“有缺陷的”和“存在严重缺陷的民主政体”的数量高达52个，他们在民主制度、民主选举和政治文化上都存在缺陷。西方现代民主制度在世界范围内“正在衰退”，“2010年全球所有地区的民主程度平均得分都低于2008年”。

综观世界民主化进程，民主是世界各国人民的共同追求，民主也被写入社会主义核心价值观之中。犹如市场经济不是资本主义的专利一样，现代民主也不是资本主义的专利，而是人类文明的结晶，西方现代民主形态也不可能具有普世意义。各国的社会制度不同，追求现代民主的起点和道路也不相同，应该根据自身特点选择符合自身现代化发展的现代民主形态，“穿自己的鞋，走自己的路”，否则就可能削足适履，重蹈一些后发国家在第三波民主浪潮中遭遇的“民主退化”覆辙。

（作者为同济大学法政学院院长）

澄清关于“自由、民主、人权”的认知盲点

——谈中国共产党在全民族抗战中的中流砥柱作用

张维为

西方主流话语对“自由、民主、人权”的解释有意忽略于己不利的历史事实

“自由、民主、人权”这些源于西方的观念，只要不被滥用，都是好东西。中国人民过去反抗西方列强的欺辱，坚持的也是这些观念，并在这个过程中，丰富了它们的内涵。这些观念今天已成了世界人民的共同精神财富。在中国走向富强的进程中，它们还可以发挥积极的作用，但应该确立一个前提：这些观念作为世界人民的共同财富，其解释权也属于各国人民，而绝非少数西方国家。否则就可能出现荒谬的情况，比方说，中国改革开放30多年使6亿多人脱贫，会被认为与人权进步无关；而美国大举入侵伊拉克，造成至少10多万平民死亡，数百万平民流离失所，这个本世纪最大规模的侵犯人权行为则会被看作是捍卫人权。

法国哲学家福柯曾说过：你谈论什么并不重要，关键是谁在谈，话语的强弱是由话语者地位的强弱所决定的。西方国家近二三百年来一直处于强势地位，其话语也自然占了主导地位。回顾当年欧洲人灭绝美洲的印第安人，其解

释就是不得已而为之；当年欧洲人贩卖黑奴，其解释就是那个时代谁都这么做；当年殖民主义和帝国主义贪婪掠夺，其解释就是为了传播现代文明；后来的种族主义、种族隔离，也都经过了详尽和“理性的”论证。今天随着中国和其他新兴国家的崛起，我们有必要追溯历史，还历史本来的面目。

准确地找出“自由、民主、人权”的来龙去脉，还历史本来面目

西方现在的主流话语称：西方一直致力于推动“自由、民主、人权”这些价值观。不少人也以为当年欧洲的启蒙运动、美国的《独立宣言》和法国的《人权与公民权利宣言》确立了“自由、民主、人权”这些价值观，这是有悖于历史事实的。1789年的法国《人权与公民权利宣言》，法文叫*Declaration des Droits del'Homme et du Citoyen*，其中的“人”和“公民”（l' Homme和Citoyen）在法文里，指的就是男人和男性公民，更确切地说是男性白种人，不包括妇女，不包括有色人种，不包括华人，不包括穷人。在这个《宣言》通过两年之后的1791年，一位名叫奥林匹·德古吉（Olympe de Gouges）的法国女性，骇世惊俗地起草了一份《女人和女性公民权利宣言》（*Declaration des Droits de la Femme et de la Citoyenne*），但她却被送上了断头台，她所希望的妇女投票权直到她死后一个半世纪才在法国实现。

1776年美国的《独立宣言》也一样。美国的国父们有令人尊敬的一面，但他们同时也都是欧裔男性富人，都拥有黑奴。美国《独立宣言》中的“人人生而平等”指的是有地位的男性白人之间的平等，其中的“人人”不包括妇女、奴隶、华人，也不包括白人中的穷人，保留奴隶制也是美国国父们经过辩论后作出的选择。西方谈的自由，在相当长的时间内，包括了贩卖奴隶的自由，包括了对印第安人进行种族灭绝的自由，包括了向中国倾销鸦片的自由。美国的南北战争（1861—1865）废除了奴隶制，值得肯定，但战后双方还是作了政治妥协，认为美国“统一”的价值高于黑人“自由”的价值。美国不久又颁布了法律，建立了

一整套种族隔离的制度。这套践踏人权的制度在美国又持续了近一个世纪。

这套制度也包括美国国会于1882年通过的“排华法案”。尽管华工是当年美国跨大陆铁路建设的主力军，为美国的工业化做出了重大牺牲，但种族主义占主导的美国社会大规模地排斥华人，各种针对华人的暴行频发，种族主义学者也论证华人属于劣等民族。在当时的国会辩论中，有一些议员提出这个法案似乎有悖于美国“自由、平等”的立国原则，但“排华法案”还是获得了多数通过。这个法案禁止华工入境10年，驱逐了一大批华人，禁止华人归化为美国公民。这也是美国通过的第一部针对特定族群的移民法。这个法案某种意义上开启了西方针对东方黄种人的体制化的种族歧视。1895年德皇威廉二世又公开提出了“黄祸”的概念，“黄祸论”也随之广为传播。（“排华法案”于1943年被废除，主要是二次大战使德国纳粹宣传的“种族主义”臭名昭著。此外，美国也需要联合中国抗击日本。在美国华人社会的压力下，直到2012年，也就是这个法案通过后130年，美国国会才通过了一个表示歉意的决议。）

美国国会通过“排华法案”的时候也正是西方国家通过战争，疯狂掠夺世界财富和资源的时候，这些财富和资源大大推动了西方国家的财富积累和工业化，但这种血腥战争和利益争夺也埋下了失败的伏笔。当时的欧洲各国迷信狭隘的国家主义和民族主义，以恶报恶，最终导致了两次世界大战，使欧洲文明本身也遭受重创。特别是二次世界大战，使欧洲文明几乎毁于一旦。

我们今天看到的一个比较文明的欧洲实际上是侥幸才保存下来的。这种侥幸包括了希特勒的纳粹德国还没有发明原子弹，包括了俄罗斯民族和中华民族为世界反法西斯战争所作出的巨大民族牺牲。中国人民艰苦卓绝的八年抗战，以3500万人伤亡的巨大民族牺牲捍卫了自己的独立，同时也帮助捍卫了欧洲文明。如果当时的中国政府，像一些欧洲“民主”国家那样在法西斯进攻面前纷纷投降的话，日本法西斯早就可以轻易地拿下中国，然后与德国分进合击拿下苏联，再以中国和苏联的巨大资源为后盾来称霸世界，欧洲文明还能保留多少？中国为世界反法西斯事业所作出的巨大民族牺牲，在西方还远远没有得到承认。甚至英国首相丘吉尔1945年和西方领导人交谈时，对中国根本就不屑一顾，提及“中国人”，他用的还是那个对华人带有严重种族歧视的字眼“Chinaman”。

在经历了这些灾难之后，西方终于有一些人士开始了深刻的反省，并对欧洲的很多主流价值重新作了评估和筛选，把坏的剔除，把好的留下，并与国际社会的其他代表一起努力把好的部分打造成普遍价值，这才有了1948年联合国通过的《世界人权宣言》。这个《宣言》确认了人人“不分种族、肤色、性别、语言、宗教、政治或其他见解”都应该享受人权的原则。

但历史的发展并非一帆风顺，在《世界人权宣言》诞生之后，种族主义理念还是继续主导着西方国家的国内外政策。例如，为了维护其殖民统治，法国又发动了极其残酷的越南战争和阿尔及利亚战争，直到最后实在打不下去了，它才非常不情愿地放弃了这些殖民地。同样，美国黑人不堪再忍受种族歧视，于20世纪60年代掀起了风起云涌的民权运动，马丁·路德·金于1963年大声疾呼：“我梦想有一天，我的四个孩子将生活在一个不是以肤色深浅，而是以品格的优劣作为评判标准的国家。”而这离美国通过载有“人人生而平等”的《独立宣言》已是187年之遥。

追溯这些历史并非要贬低西方一些重要文献在历史上曾发挥过的关键作用，也无意贬低西方文明本身已经取得的进步，而是要准确地找出“自由、民主、人权”的来龙去脉，澄清某些认知上的盲点，确认“自由、民主、人权”的推广普及过程并非是西方的自觉自愿，而是世界上所有被西方奴役的民族经过长期英勇的抗争，并和西方有识之士共同努力，才逐渐把这些本属于世界上少数人的特权变成了西方国家不得不接受的价值观，其内涵也在不同文明的互动过程中被大大丰富了。

从对“自由、民主、人权”历史真相的叙述中，至少可以得到两点启发

第一，现代意义上的“自由、民主、人权”观念在西方得到确认的时间并不长，在实践中存在的问题更多。如果以1965年美国开始允许黑人和白人享受

一样的民权开始，那么也只有近50年时间，比我们改革开放只多10来年。所以在这个意义上“自由、民主、人权”观念还是新鲜事物，需要我们共同呵护并做出自己的贡献。

第二，西方对自己的政治文化传统采取了一分为二的态度，放弃糟粕的东西，继承优秀的东西。比方说，西方已被迫放弃了殖民主义、种族主义等在西方曾经非常风光的“普世价值”，又对“自由、民主、人权”作了对自己有利的解释，虽不完美，但还是包含了值得肯定的进步。相比之下，我们有些国人对中国自己的传统还是持一概否定的态度，认为整个中国数千年的历史就是一部专制史，一切要推倒重来。实际上今天西方已罕有学者否认在过去2000多年的历史长河中，中国至少在1500年内，在政治、经济、文化、科技等方面都全面领先当时的西方的事实。西方整个文官制度是从中国借鉴来的。欧洲启蒙运动的一个主要思想来源就是伏尔泰、莱布尼茨、斯宾诺莎等欧洲思想家对中国文化和哲学的诠释。比如，这些思想家特别赞赏中国人的理性和宗教观：中国历史上几乎没有宗教战争，而欧洲历史上宗教战争打了上千年。我们今天完全可以在一个与世界良性互动的基础上，用今天的眼光来认识和发掘我们源远流长的文化传统资源，这是一个尚未充分开发的巨大智慧宝库，对重塑中国社会的核心价值观，对解决中国和世界面临的许多挑战，都会产生巨大而深远的影响。

（作者为复旦大学中国发展模式研究中心主任、上海社科院中国学所所长）

用“国家治理”引领时代的话语权

——“国家治理体系与治理能力现代化”的世界政治意义

杨光斌

一个世界性大国不能没有自己的话语权，甚至不能没有引领时代和世界的话语权，否则这样的大国必然在相互争夺主导权的世界政治中处于守势。我们欣喜地看到，中国正在形成引领时代的话语权。2013年习近平同志明确提出中国要有自己的“新概念新范畴新表述”，而“国家治理体系和治理能力现代化”就是一种新概念新表述。

这一概念一经提出，就引发中国思想界的强烈回应，学术界和实业界为此而举办的研讨会数不胜数，媒体更是充分地报道。这样的积极反应自然会传递到国际社会。美国的《外交政策》杂志开始讨论中国的“国家治理”概念，世界银行副行长也专门到北京找中国专家咨询以更好地理解这个概念。

“新概念”的意涵

在我看来，“国家治理体系和治理能力现代化”这个新概念应该包括五大方面。

第一，制度和制度绩效的统一性。一个制度的好坏，老百姓是否最终接受，说到底是这个制度的“制度执行能力”即我们常说的制度绩效所决定的，坊间流行的“好制度”如果不能有效治理，最终也会失去合法性。

第二，政治属性。这是前提性的应有之义，“国家治理体系和治理能力现代化”是为了完善中国特色社会主义制度，因而抽象的概念是有政治价值属性的，那就是社会主义。

第三，价值观。任何一种政治制度都不能没有相应的价值体系支撑，既然是社会主义的，作为一种制度建设，必然离不开价值观建设，因此国家治理体系当然包括社会主义核心价值观。

第四，历史条件。之所以将国家治理置于社会主义的旗帜下阐述，是历史条件所决定的，因为任何政体、哪怕是人们心目中所谓的“好制度”“好政体”，脱离一个国家的历史条件即国情和民情，所谓的“好制度”都会变成病害百姓的坏制度，因此，真正的好制度是植根于自己的历史和文化的。

第五，适应性与包容性。适应性和包容性是中华民族的根本特征或者历史写照，所以作为坚持和完善中国特色社会主义制度的国家治理体系与治理能力现代化的改革，必须在坚持制度自信的同时而不能固步自封，自信地进行自我变革，否则，“制度自信也不可能彻底、不可能久远”。

有能力的国家又有权力边界和权力约束，构成了一个国家治理体系模式即“有能力的有限政府”。

将“国家治理体系”建设成什么模式，体现在俗称的“改革60条”即中央关于全面深化改革的决定之中。据此，“国家治理体系和治理能力现代化”是由以下几个概念性变量而构成的“模式”。

首先，国家有能力。所谓“国家能力”就是权力中枢超越社会利益集团和部门政治的约束而将自己意志变为现实的能力。国家能力的实现一是要有一个强有力的没有部门利益的决策机关，二是政府在市场经济中的合理作用。“改革60条”中决定成立的中央全面深化改革领导小组，是一个比20世纪80年代的国家体制改革委员会更没有部门利益色彩的超级改革机构。另外，非常重要的一点是，在强调市场的决定性作用的同时，没有忘记政府这只看得见的手。因为市场失灵屡见不鲜，最近的失灵就是2008年开始的金融海啸。有了专司改革的超级机构和对政府作用的合理定位，国家改革意愿、顶层设计变为现实的能力，非常值得期待。

其次，权力有边界。与前几次以机构调整为主的改革相比，本轮改革的最大亮点是围绕政府职能转变，由此将形成权力有边界、权力受约束的有限政府。中国过去改革的伟大成就不容置疑，但是，和任何制度变迁的规律一样，改革也会带来“非预期结果”。过去改革的一个非预期结果便是：因没有相应的政府职能改革而使得政府占有资源越来越多，以及由此而形成的社会结构的利益集团化。另一方面，由于没有以转变“职能”为主，而且以国家控制资源为导向，国家垄断的行业就越来越多，官商勾结加垄断联盟，就形成了中国社会结构的利益集团化。为此，必须压缩政府的权力边界。“改革60条”大多数条款属于压缩政府的权力边界。让市场在资源配置中发挥决定性作用就意味着政府退出相应的领域，比如负面清单制度等一系列改革要求。压缩政府权力边界的收益是难以估量的。

再次，权力受约束。过去十年地方一把手成为腐败重灾区，这是因为一把手既管人事资源又管经济资源，权力空前增大而又不受约束。有鉴于此，如何约束和监督权力就成为“改革60条”的一个重点。“改革60条”一方面决定加强地方人大的财政监督权和人事决定权，同时改革司法体制和纪检体制，实行省以下法院的垂直管理，上级纪检部门提名下级纪检负责人，这些无疑是从纵横两方面加大对地方一把手的约束。从权力的纵横方向制约地方一把手，实在是当务之急且切中要害。

这样，“推进国家治理体系和治理能力现代化”这一改革总目标，事实上是可以量化的、看得见摸得着的一个又一个具体的制度安排的总和——“有能力的有限政府”。这个概念既是“有主张、有定力”的制度自信和道路自信的生动体现，也是中华民族的光荣传统即“不断地学习他人的好东西，把他人的好东西化成自己的好东西”的收获。

“新概念”的世界话语权意义

基于中国历史文化和现实政治的“国家治理”是一个好概念。比如，国际社会如果用民主观念对中国和印度进行比较，他们眼中的印度似乎占优势；而如果用治理标准比较二者，中国肯定是赢家。就是和所有的其他发展中国家比较，中国都是治理意义上的赢家。到底是良政重要还是观念重要？对老百姓来说当然是良政。

“国家治理”概念在世界政治中的优势不仅来自中国良好的政治实践，更重要的是这个概念本身真实地反映了国家政治的方方面面，是中国人战略性务实主义的深刻洞见。同时，自20世纪90年代以来，“治理”和“民主”是世界上两个最流行的概念或话语。比较而言，“治理”概念更务实且能体现一个国家的综合指标，而“民主”则更具意识形态性质，况且民主选举只是政治制度和政治生活中的一个方面，而以一个方面代替所有其他方面，最终则是无效治理、无效的民主、甚至是国家的失败。在这种国际大背景下，到了21世纪，“治理”则越发成为国际社会更加主导性的话语。因此，用“国家治理”与西方鼓吹的自由民主对话，不但能使国际社会更容易理解中国，也更能彰显中国发展的优势所在。

在“改革60条”中，政治上改革的一项主要任务就是建立全面的协商民主制度，而民主在我党的历史上和中国现实政治上都是最重要的、因而也是出现频率最高的词汇，同时也是国际社会上绕不开的一个话语。为此，我们是不是应该把“民主”和“治理”相互嵌入、从而形成一个“可治理的民主”（英文为governable democracy，可以直接说成是“治理民主”，就像liberal democracy即“自由主义的民主”译成“自由民主”一样）。在理论上，这是一个可以和“自由民主”直接对话的一个量级上的上位概念，其他的民主概念如选举民主、协商民主、行政民主等都是民主的下位概念。在实践上，“治理民主”无疑更优越于“自由民主”，因而是一个超越“自由民主”的概念。

（作者为中国人民大学政治学系教授）

正确把握政治制度比较的基本标准

——如何从纷繁复杂的国际格局中评价一国的政治制度

喻　中

如何评价一个国家的政治制度？这个问题，邓小平、习近平等领导人先后都谈过。其中，邓小平提出的评判标准是三点：政局是否稳定；能否增进人民的团结，改善人民的生活；生产力能否得到持续发展。习近平提出的标准是八点："评价一个国家政治制度是不是民主的、有效的，主要看国家领导层能否依法有序更替；全体人民能否依法管理国家事务和社会事务、管理经济和文化事业；人民群众能否畅通表达利益要求；社会各方面能否有效参与国家政治生活；国家决策能否实现科学化、民主化；各方面人才能否通过公平竞争进入国家领导和管理体系；执政党能否依照宪法法律规定实现对国家事务的领导；权力运用能否得到有效制约和监督。"这些论述，有助于我们进一步思考政治制度的选择问题、评价问题。

两党制或多党制就是迈向"好政治"的必由之路吗

从根本上说，如何评价一个国家的政治制度，其实是一个政治思维问题。我们需要什么样的政治思维？或者说，我们的政治思维应当在一条什么样的道路上往前跑？我们可以从一个具体的政治制度说起：两党制或多党制。

在当今世界的一些国家或地区，已经采用了两党制或多党制，两党或多党之间的竞争很激烈。按照某种流行的理论，两党制是一种理想的政治制度，理由是：在两党之间，既有执政党，也有在野党，两个政党轮流坐庄，如果执政党不好好干，得不到选民的支持，四年或五年之后就会沦为在野党。在这种压力之下，执政党只能好好干，努力争取选民的支持；而且，由于在野党“盯”得很紧，执政党不敢腐败，甚至根本就没有腐败的空间，清廉政治也就得到了保证，等等。

然而，两党制或多党制就是迈向“好政治”的必由之路吗？我看未必。英国、美国先后充当了世界的领袖国家，他们的政党制度恰好也是两党制。于是，在一些人看来，是否建立两党制就成为了评价一个国家政治制度的核心标准。遗憾的是，两党制的信奉者没有看到，两党制或多党制既存在于英国、美国，也存在于如今动荡不安的中东、北非及其他地区。很多政治衰败、经济衰败的国家，同样实行的是两党制或多党制。在某些国家和地区，在两个政党或多个政党之间，并没有实质性的差异。无论是哪个政党，其唯一的目标，就是成为（或继续成为）执政党。在实践中，在野党为了成为执政党，总是千方百计地抹黑执政党；执政党的任何执政行为，在野党都会表示反对。由于执政党的任何政治决策，都不可能同时让所有人满意，因此，在野党要制造事端，要抹黑执政党，是很容易的。当前，在一些实行两党制的国家或地区，两党之间的竞争其实已经沦为闹剧、恶搞、扯淡，两党之间的恶性竞争，不仅让政治失去了尊严，而且也阻碍了经济的发展与民生的改进。因为执政党动辄得咎，很多事情，即使有助于国计民主，执政党也做不成。

民主选举、民主投票只能保证“把事情摆平”，从而让你无话可说，但不能保证“把事情做好”

实行两党制的美国很强盛，但是，更多实行两党制的国家和地区则陷于停滞与衰败。这就意味着，两党制既非政治优势，也非政治劣势。两党制什么都不能保证。两党制绝不是评价一个国家政治制度的标准。在同样的逻辑上向前延伸，可以发现，以选票、大选为核心装置的民主选举制度，也未必像一些人想象中的那么值得依赖。在二战前的德国，希特勒就是通过选票获得最高权力的。希特勒的上台是民主选举制的胜利，但同时也是民主选举制的最大失败。以希特勒与纳粹德国为镜，我们可以看到民主选举制的弱点。从根本上说，民主选举、民主投票只能保证“把事情摆平”，从而让你无话可说，但不能保证“把事情做好”。实行一种政治制度的目标，到底是要“把事情摆平”，还是要“把事情做好”“把事情做成”呢?

就像政党制度，既有好的两党制，也有坏的两党制；民主选举制度也一样，民主既可能选出较好的林肯，也可能选出极坏的希特勒。在韩国，20世纪中叶以来经过民主选举产生的多位总统最后都身陷囹圄，或不得善终。我国台湾地区的陈水扁亦没有走出这样的覆辙。这就是说，以选票为核心的民主选举，同样不是评价一种政治制度的核心标准。

无论是看上去很美的民主选举制，还是受到一些人追捧的两党制，都不是评价一个国家政治制度的标准。多数人说了算的政治制度可能是好的，也可能是坏的；少数人说了算的政治制度可能是好的，也可能是坏的；个别人说了算的政治制度可能是好的，也可能是坏的。这样的道理，其实只是常情常理，而且很早就为人类所认知。实际情况也是这样。因此，无论是两党制、民主选举制，还是其他政治制度，无论什么东西，都不能教条化、简单化，都不能一概而论，都需要具体问题具体分析。

至于第二层次的政治制度、政治选择问题，譬如，是否实行以法院独立为核心的司法独立，是采用议会主权还是实行三权分立，等等，按照同样的道理，同样不是评价一个国家政治制度的标准。

一种好的政治制度，必须具备较强的韧性，能够吐故纳新，从而实现自我更新

有没有评价一个国家政治制度的标准呢？我的回答是肯定的。在此，有必要从学理的层面上，就一个国家政治制度的评价标准问题，做出几点一般性的思考。

首先，要看政治制度是否具有正当性、合法性。从道义的层面上看，一个国家的政治制度要有足够的感召力，要能够得到政治共同体的承认与拥戴，这是一种政治制度具有合法性、正当性的终极依据。在传统中国，天是政治制度的正当性依据。在当代，民是政治制度的正当性依据。在某些政教合一的国家，神是政治制度的正当性依据。政治制度的建设与改革，首先要满足政治制度对于正当性、合法性的需要。在当代，一种政治制度，如何才能获得足够的正当性与合法性？当然是要满足政治共同体的需要。如果一种政治制度能够提供相应的保障与支撑，那么政治共同体期待的某种美好生活就能够得到普遍的承认。人心向背是评价一种政治制度的道义标准。

其次，要看政治制度是否具有整合力、组织力。让我们从根本上追问：为什么要建立政治制度？回答是：如果没有一套政治制度，人与人之间就无法交往，也无法协调，人人各行其是，政治共同体将混乱不堪。人类的政治制度，就是因应这样的实际需求而建立起来的。因此，政治制度的核心功能就是把人整合起来、组织起来。一种好的政治制度，必然具有较强的整合能力、组织能力，可以把各种各样的人都吸附、安顿在政治制度设定的框架内，让各种各样的人能够取长补短，相互融合。有人安心种菜，有人安心制鞋，有人安心教书，绝大多数人都能够各得其所。而且，在政治制度提供的平台上，各种冲突、各种矛盾都可以得到有效的化解。这样的政治制度，就是好的政治制度。

再次，要看政治制度能否自我更新、自我调适。能够自我更新、自我调

适，标志着一种政治制度能够自主生长、自我完善、自我发展，它标志着一种政治制度所具有的生命力。有些政治制度，过分僵化，经不起危机的考验，不能应对突发事件，一个小小的偶然因素就可能导致一个政治制度的倾覆。这样的政治制度，就不能自我更新，也没有生命力。一种好的政治制度，必须具备较强的韧性，能够吸纳一些新的制度因子，也能够排泄一些旧的制度因子，能够吐故纳新，从而实现自我更新。自我更新当然要改革、要革新。但是，最好的政治改革并不是最彻底的政治改革，更不是另起炉灶的颠覆性革命。相反，在人们不知不觉中完成的政治改革才是最好的政治改革。当人们猛然回头，才发现政治制度已经实现了更新与完善，这种震荡最小的政治改革才是最好的政治改革。能够实现这样的改革，表明政治制度具有较好的自我更新、自我调适的能力。

以上几个方面，侧重于从程序性的要求来评价一个国家的政治制度。在当前纷繁复杂的国内外政治格局中，尤其是在国际地缘政治不断分化组合的过程中，各种政治思想相互交织，也相互纠缠。由于历史传统、宗教信仰、民族性格等方面的差异，人们的政治观念越来越趋于多元化，甚至是破碎化。在这样的思想背景下，更应当强调这种程序性的政治思维。

（作者为首都经济贸易大学法学院院长、教授）

西化思维定势的片面性是与生俱来的

黄力之

2014年，习近平同志在北京师范大学考察时，针对把中国古代经典的诗词和散文从课本中去掉，加入西方东西的现象，指出“去中国化”是很悲哀的。习近平同志在这里用了“去中国化”这一重要判断，表明他高度敏锐。其实，不只是文化领域有“去中国化”的现象，在社会思潮方面亦有“去中国化”现象。当下泛滥的一些思潮，其共同的特点是以“洋”为优，一切向西方看齐。这些思潮背后的实质是一些人心目中存在一个总体性的西化思维定势——西方模式是中国社会的最后走向。

西化思维定势是怎么来的

西化思维定势这个概念维系于中西方文化关系的扭曲状态。19世纪中叶，法国汉学家卜铁（Pauthier）感叹：在莱布尼兹时代哲学界、宗教界对中国问题抱有强烈兴趣，而“今则连极有限的少数人都难引起注意”“我们每天认为野蛮的民族，他们早在我们的祖先尚居于高卢及日耳曼森林以前就达到极高的文明水平，现在仅引起我们一种深度的轻视”。（见利奇温《十八世纪中国与欧洲文化的接触》，商务印书馆1991年版，第131页）这就是说，中国文化长期引领世界，在18世纪时尚能影响西方，但鸦片战争以后便发生了逆转。晚清重臣李鸿章在1874年深感中西方关系不再是历史上中国与周边地区的关系重演，而是“数千年来未有之变局”，西方列强是“数千年来未有之强敌”。因此，关注西方世界成为近代中国有识之士的选择。

在来自西方的前所未有的强大物质文化挤压下，任何一种具有古老生命力的文化都无法再自给自足地生存下去，人们不得不去重新认识并处理不同文化类型之间的关系。西化思维定势就产生于学习西方文化的自觉愿望，但很快就发展到极致，即“全盘西化”，主张完全放弃中国文化，全面接受西方文化，用西方的观念及制度来改造中国。

一般地说，全盘西化论是建立在“中国文化整体上或根本上不如西方文化”之基础上的。早在19世纪70年代，清朝大员郭嵩焘在赴英国考察时，就改变了自己原来对中国文化——特别是道德的信心，认为中国在仁义礼智信五个方面都不如西方，这实际上已有全盘西化的倾向，因此他至死都受到舆论的抨击。从理论形态上说，20世纪初爆发的新文化运动标志了全盘西化思想走向自觉，因为当时对旧学——中国传统文化进行了激烈的批判，对新学——西方文化进行了高度的称颂，其代表人物是胡适。正是从胡适那一代开始：“我们必须承认我们自己百事不如人，不但物质机械上不如人，不但政治制度不如人，并且道德不如人，知识不如人，文学不如人，音乐不如人，艺术不如人，身体不如人。”

西化思维定势与全球化本质紧密相关

西化思维定势之实质是什么呢？这个问题的答案与全球化之本质联系在一起。对全球化最早作出概括和描述的是马克思、恩格斯，他们在《共产党宣言》中指出：资产阶级，由于开拓了世界市场，使一切国家的生产和消费都成为世界性的了……过去那种地方的和民族的自给自足和闭关自守状态，被互相往来和互相依赖所代替。“资产阶级，由于一切生产工具的迅速改进，由于交通的极其便利，把一切民族甚至最野蛮的民族都卷到文明中来了。它的商品的低廉价格，是它用来摧毁一切万里长城、征服野蛮人最顽强的仇外心理的重炮。它迫使一切民族——如果它们不想灭亡的话——采用资产阶级的生产方式；它迫使它们在自己那里推行所谓文明制度，即变成资产者。一句话，它按照自己的面貌为自己创造出一个世界”。

这就是说，西化之推行，民族文化之被摧毁，不是民族的幸事，甚至也不是中性的事件，而是民族的悲剧，结果是使自己这个民族更加适合于接受西方的奴役和剥削。160多年以后，看看当下那些被西化模式折腾而丧失自主性的国家，城乡满目疮痍，人们流离失所，难道马克思说的不对吗？

当然，正是西方文化的刺激，才使中国意识到世界的状态已经突破了传统视野，固步自封将给中国带来淘汰的命运，因而，西化主张的合理性在于推动了中国文明的现代转型，这也是不必讳言的。

西化思维定势在当下中国并不合时宜

19世纪末、20世纪初的西化思维定势之所以有着合理性，因为它的历史平台是西方的强大与中国的积弱积贫。1949年的革命取得了中国在政治上的独立，但经济的强大有待时日。1973年，毛泽东主席在会见发展中国家人士时还是说：“我们都是叫作第三世界，就是叫作发展中的国家。你不要看中国有什么展览会啊，其实啊，是一个很穷的国家。西方国家呢，不大行了，但无论怎么样，这些西方资本主义国家是创造了文化，创造了科学，创造了工业。”由此可以理解，为什么在改革开放之初，全面学习西方成为一时之需。

改革开放进行30余年了，今天的中国如何呢？中国创造了震撼世界的“中国奇迹”，成为全球第二大经济实体，成为对世界经济发展贡献最大的国家。2009年，英国学者马丁·雅克（Martin Jacques）的新著《当中国统治世界》在英美出版，引起极大影响。中国成为世界上头号制造国，结束了长达110年美国人占据主导地位的时代。今天的中国，比历史上任何时期都更接近实现中华民族伟大复兴的目标，比历史上任何时期都更有信心、更有能力实现这个目标。

正如20世纪的革命和建设一样，中国的改革开放也是在既向世界学习又坚定地保持自己的政治、经济、文化特色的时候取得了成功。面对这一事实，还要顽固地认为中国只有完全放弃自己的一切才能成功的想法是多么僵化而过时，有识之士不会如此。印度学者潘卡杰·米什拉说得好，在长达一个世纪的时间里，西化思潮成了影响人们世界观的正统派信念，“西方单一民族独立国家和自由主义民主制度将逐渐在全世界推广，工业资本主义造就的志向高远的中产阶级会带来有责任感、有代表性和稳定的政府——简言之，每个社会都注定会像西方那样发展演变”。

对于西化思维定势在当下的不合时宜，习近平同志从方法论上指出，“看到别的国家有而我们没有就简单认为有欠缺，要搬过来；或者，看到我们有而别的国家没有就简单认为是多余的，要去除掉。这两种观点都是简单化的、片面的，因而都是不正确的”。哪种思想方法才是科学的和理性的，由此一目了然。

（作者为中共上海市委党校马克思主义研究院教授）

福山政治观点的转变说明了什么

——"政治制度衰败论"揭示了美国否决型政体的真相

杨光斌

1989年柏林墙倒塌。此时，名不见经传的日裔美籍学者弗朗西斯·福山适时地推出了《历史的终结及最后之人》，给西方人捧上一杯兴奋剂——"历史，终结了"，自由民主彻底胜利了，自由民主没有对手了。而1991年苏联解体，似乎把"历史终结论"彻底做实了。但事实并非如所言。福山最近又发表了《衰败的美利坚——政治制度失灵的根源》一文，推出了新书《政治秩序和政治衰败》。从鼓吹美国政治制度终极论的"历史终结"到发出美国"政治衰败"的哀叹，福山的观点来了个180度的大转换。

"历史终结论"的外部敌人：文明的冲突

当初福山的"历史终结论"一放出来，其哈佛时期的老师亨廷顿就告诉美国人，福山错了。冷战结束了，资本主义阵营与社会主义阵营的冲突结束了，但是自由民主并非一统天下，历史远没有终结，还存在"文明的冲突"——21世纪初在基督教文明和伊斯兰文明之间将发生重大冲突。姜还是老的辣。"文明的冲突"发表仅仅10年后，就发生了2001年的"9·11事件”——从此开始了改变国际格局的、改变着美国人生活方式的、还看不到胜利尽头的“反恐战争”。“IS国”接过拉登的恐怖主义大旗，大有青出于蓝而胜于蓝的架势。

也就是说，早在10年前，“文明的冲突”就已终结了“历史终结论”，学生被老师终结了。其实，“文明的冲突”还只是“历史终结论”的外部的“敌人”，即伊斯兰文明与作为自由民主主体的基督教文明之间的冲突。更重要的是，“历史终结论”还有一个更强大的对手——自由民主本身，是自由民主最终终结了“历史终结论”。自由民主是“历史终结论”的内部敌人。

“历史终结论”的内部敌人：自由民主本身

何出此言？如前，自由民主的唯一标准就是“党争民主”，结果在亨廷顿所说的第三波民主化浪潮中，自由民主国家一下子从40几个增加到120个以上。结果如何呢？成功者寥寥无几，有的国家要么陷于内战和分裂，比如阿尔及利亚、前苏联、南斯拉夫和目前的乌克兰、叙利亚；有的国家则陷于周期性的政治动荡，比如泰国、埃及等；有的国家则是长期“无效的民主”即无效的国家治理，如印度、菲律宾、墨西哥、中亚诸国，等等。

俄罗斯最有代表性。在苏联解体后的10年时间里，党争民主和新自由主义经济政策几乎导致俄罗斯国内失序，黑社会当道，恐怖主义盛行，科学家批量流失，GDP下降40%——比1929年大危机时美国的经济损失还惨重。不得已，再也无力治国的“病夫”叶利钦做对了他该做的最后一件事，把权力交给普京。普京的“可控式民主”让俄罗斯起死回生、并重振雄风。在过去20年里，俄罗斯实验了、实行了两种不同的制度——作为党争民主的自由民主和普京式可控的民主，前者置俄罗斯于绝境，后者使俄罗斯恢复基本的国家尊严。

看到很多国家的“民主的回潮”，有竞争性选举而无西方人期许的政治自由，美国人又开始抛出一系列说法，所谓“无自由的民主”“选举式威权主义”“竞争性威权主义”等，似乎要把转型国家与自己主张的自由民主撇清楚。其实，这已经说明把党争民主当作唯一标尺的自由民主在理论上破产了。

但是，执拗的福山似乎不愿意承认自由民主破产的严酷现实，或者说他看不出自由民主理论本身的内在冲突性的内在逻辑，在其和《历史的终结及最后之人》一样论调的《政治秩序的起源》中，依然断言民主在很多国家的困境不是因为民主理论本身的问题，而是民主执行中的问题。福山还在继续犯着“历史终结论”同样的错误。

自由民主理论的硬内伤

西方人鼓吹的自由民主无疑是一种政治制度意义上的政体理论。那么，政体是什么？政体从弹丸之地的城邦国家时期的统治权即亚里士多德所说“谁统治”，逐渐演变为大规模现代国家的“如何统治”问题，其中不但包括横向的行政关系比如总统制或议会制、横向的政治经济关系即政府与市场的关系，还有纵向的中央地方关系比如单一制或联邦制、纵向的国家——社会关系。也就是说，政体事实上是一种权力关系的总和，是国家建设中的诸多维度的权力关系的总称。

由此我们明白了，以竞争性选举为根本标尺的自由民主论只是讲的政体中的一个维度即国家——社会关系中纵向的选举民主问题。选举固然重要，也是民主的最原始形式，但是其他维度的权力关系呢？国家建设是综合性的制度建设，突出一个而不计其余，必然导致权力关系的扭曲。现实的经验让我们看到了，大量的转型国家甚至是西式民主国家比如印度、乌拉圭等，都是因为自由民主理论本身的结构性硬伤而导致的无效治理，即把选举式民主当作国家建设的全部关系，以为有了竞争式选举就有了民主，有了民主就有了一切。

30年来西方政治学研究的主题，几乎是唯一的主题即所谓的民主化。其实，民主化本身也没有什么问题，问题就是什么样的民主化。当作为“观念战士”的西方学者和政治家怀有“使命感”而推广民主的时候，这里的民主只是竞争性选举。然而，美国宪法是怎么来的？难道不是他们所说的“审议民主”即我们所说的协商民主的结果？托克维尔在《论美国的民主》所讲的美国的民主不是什么竞争性选举，而是作为人民主权实现形式的乡镇自治即社会民主。

美国否决型政体而导致的“政治制度衰败”

如果说当初被“大胜利”冲昏头脑的福山盲目放言“历史的终结”，那么身为美国人的福山最近在《衰败的美利坚——政治制度失灵的根源》一文中，对美国政治内在逻辑的观察所得出的结论，即否决型政体而导致美国的“政治衰败”，已经接近故事的真相。

众所周知，为了防止英国式的集权，美国人设计了一套精致而复杂的分权与制衡体制，而且在权力的源头上即宪法里就设计了保护少数人利益的“兜底条款”：修宪须得到国会两院三分之二多数议员、四分之三州议会的同意。这看上去是少数服从多数的民主原则，其实是反民主原则。政治是利益分配，什么样的利益能让绝大多数人团结起来呢？似乎永远不可能。就这样，设计于农业社会的宪法不但保护了寡头，即使有了今天的大众民主，大众在宪法程序上依然不可能因为自己是所谓的多数而修改宪法。

但是，在这个看上去超级稳定的结构之内，分权与制衡使得美国不存在最高权力即“主权”概念，权力被分散到国会、行政和法院，这样的体制更为党派和利益集团提供了自由的活动空间。自里根总统的新自由主义政策以来，美国党派之间已经很难合作，党派斗争极化。结果民众选举出来的政府或者总统难以作为，奥巴马最想做的医保改革几乎流产，学习中国的高铁计划也只能是束之高阁。说美国是一个“否决型政体”，一点也不为过。

“否决型政体”的主要玩家是利益集团。美国最重要的政治就是两次选举之间利益集团之间的互动，政策被形形色色的利益集团所主导。美国政治学界最新的研究成果是，从政治经济决策过程来验证美国的政治性质究竟是精英主义的、大众主义的还是利益集团的？结果找出来1779项政策议案，得出结论美国不是一个民主国家，而是一个寡头政治国家。其中最有名的是美国枪支泛滥，历史上民意调查最低85%、最高91%要求控枪以及对买枪的人进行背景调查。但是，这么大比例的民众，绝对多数的民意为什么不能得到执行？决策过程最能体现国家的政治本质。

不能体现民意，而且该做的又不能做的政治，在福山看来就是典型的“政治衰败”——这可是其导师亨廷顿用来形容发展中国家的政治现象。福山认为，哪怕曾经很优越的政治制度，如果不能与时俱进地修正自己，而且如果解决不了应该解决的问题而失去竞争力，就意味着“政治衰败”。福山的敢言无疑将会引起巨大争论。

其实，福山所说的作为一种政治危机不只是今天的话题，只不过2008年金融危机背后的政治制度难题以及与美国几乎完全不同的中国政治制度的优势，才让美国的政治制度问题重新成为一个热门话题，才有西方主流媒体对西式民主的反思潮。要知道，早在20世纪的70年代，著名的三边委员会就委托亨廷顿等三人写过著名的《民主的危机》，而且多元民主的代表人物罗伯特·达尔也写下了《多元民主的困境》。所以，美国政治的问题并不是新鲜话题，只不过由于美国当时的对手即社会主义阵营表现太差，以至于自我消灭式的失败而烘托出一个“历史终结论”——所谓的美国政治制度就是人类的终极模式。如果说福山的前辈是反思美国政治中的问题，福山则断言美国已经日落西山了。

作为世界“机会之窗”的中国

在定性美国政治衰败的同时，福山在《金融时报》撰文认为中国是危机四伏世界的一个“机会之窗”。世界上共12个人口过亿的国家，除去早工业化国家美国、日本和俄罗斯外，其他9个均是发展中国家（中国、印度、孟加拉国、巴基斯坦、印尼、菲律宾、尼日利亚、巴西和墨西哥），除了中国政体上是民主集中制，其余8个全部是自由民主的典型形式即代议制民主，结果如何呢？比较出

“发现”。因此，我们说道路自信、制度自信并不是没有事实基础的，当然这些事实还需要提升为理论，做到理论自信，进而促进道路自信和制度自信。不得不说，中国社会科学的基础理论研究远远落后于中国的实践。

（作者为中国人民大学政治学系教授、中国人民大学国家治理研究院执行院长）

美国如何宣传自己的价值观

欧阳康　钟　林

美国通过影视作品及美式快餐来向世界推销美国文化，并通过各种方式对公民进行意识形态灌输。

作为当今世界头号强国的美国，早在建国之初便将价值观作为立国之本，在《独立宣言》中宣告：“人人生而平等，造物者赋予他们若干不可剥夺的权利，其中包括生命权、自由权和追求幸福的权利。”自觉地将“人权”“自由”“民主”“平等”“追求幸福”等作为其核心价值观。自此以来，美国价值观指引和激励着一代又一代的美国人不断地探索和追求，也推动着建国只有200多年不长历史的美国迅速发展成为了当今世界头号强国。

美国政府和政党、非政府组织、公司企业等多元主体共同推动

美国政府和政党通过多种方式推动着美国价值观的践行。一方面，美国政府和政党通过政府法律、执政纲领、政党章程等法律规章向社会大众宣扬美国价值观。例如，《美国宪法》第14条就对公民权利和自由做了明文规定，“非

经正当法律程序，不得剥夺任何人的生命、自由或财产；在州管辖范围内，也不得拒绝给予人以平等的法律保护”。美国民主党在他们的党章里明确推崇“自由、革新、社会平等”，主张“观念、制度和法律应随社会环境之改变而变迁”。

另一方面，美国政府和政党领袖常常通过竞选演讲、工作报告、节庆讲话、记者招待会等方式向社会大众宣扬美国价值观。例如，2013年奥巴马在总统就职演讲中说道：“每一次我们集会庆祝总统就职都是在见证美国宪法的持久力量。我们都是在肯定美国民主的承诺。”2011年华裔美国驻华大使骆家辉在北京记者招待会上说：“我这次代表出生地美国，以及平等、自由的美国价值观到中国很高兴，更为有机会为美国总统和人民服务而感到荣幸。”

美国非政府组织不遗余力地推动着美国价值观的践行。据不完全统计，美国有超过200万个非政府组织，美国非政府组织已经成为推动践行美国价值观的重要参与者，甚至在某些领域成为价值观的倡导者和捍卫者。美国第三部门研究专家萨拉蒙教授指出：“几乎所有的美国重要的社会运动，如民权运动、消费者运动、环境保护、妇女或保守派等运动，都扎根于非政府组织。”

美国公司企业是推动和践行美国价值观的重要力量。美国注重企业价值观和国家价值观的充分结合，并将企业作为美国价值观的重要践行者和推动者。纵观美国波音、宝洁、苹果、星巴克等著名企业的价值理念，可以发现他们无一例外都将“自由”“平等”“追求卓越”等美国价值观融入其企业核心价值观当中，并自豪地认为其是美国价值观的成功代表。2011年10月星巴克首席执行官舒尔茨写给美国人的信中说道：“美国的价值观、创造力和企业家精神一直在不断彰显着这个国家的伟大。我们借着这些传统，尽我们所能让美国重新起航，让经济再度增长。”

通过学校教育、社会教育和家庭教育等多个领域共同促进

美国通过学校教育促进美国价值观的践行。美国学校主要采用显性教育、

隐性教育以及学生社团组织等途径和方式开展价值观教育。

美国学校重视价值观的显性教育，学校通过开设德育课、通识课和专业课等渗透着美国历史、文化、精神、自由、民主等方方面面内容的课程，贯穿美国价值观教育。例如，1947年美国高等教育委员会发表的名为《美国民主社会中的高等教育》的报告书中指出："普通教育应该给予学生能在一个自由社会里正确完满生活所需要的价值观念、态度、知识和技能。"并明确规定课程目标为"保持与扩大美国社会必须的伦理和社会价值"。

美国通过社会教育促进美国价值观的践行。美国价值观的社会教育主要是通过公民宗教、大众传播媒介、社区和社会团体、生活环境等多种途径进行美国价值观教育。

公民宗教通过宗教教育，创造性地将宗教信仰转化为价值观教育的重要力量。"把对上帝的虔诚和对国家的忠诚紧密地联系在一起，使公民形成一种民族精神和社会信仰"，增强公民对国家精神和民族意识的认同。例如，美国教堂里牧师传教的讲台旁就插着美国国旗；球赛开始前，观众们都要起身站立，聆听神职人员的祈祷，然后齐声高唱美国国歌。

美国通过广播、电视、电影、网络等大众媒体进行美国价值观教育和宣传，推动着美国公民乃至世界其他国家公民认同和践行美国价值观。例如，美国好莱坞大片《飞越疯人院》就塑造了一个为追求民主自由生活而奋斗的英雄形象。正常人墨菲在医院这个特殊环境里陪病人打篮球、看电视、聊社会，最后鼓励病人参与民主投票，引导他们为自己的民主和自由而斗争。

美国还重视利用社会团体进行价值观教育。美国拥有包含各个民族、各个阶层、各个教派、各个年龄段的多种多样的社会团体，如大学生社团、联合基金会、妇女救援会、志愿者协会、老人活动站、残疾人协会等，这些团体对社会起到了较好的价值观教育与引导作用。

美国也十分重视通过环境的创造来进行价值观教育。美国人常常用历史上的杰出人物命名地名、河流、城市、学校、机场、街道、公园、公司、林地、公墓以及各种场馆，例如美国的杰斐逊山、华盛顿州、哈德逊河、哈佛大学、林肯公园、福特公司、罗斯福图书馆等。这些杰出人物无疑是美国价值观的突出代表，对价值观的教育起到了潜移默化的作用。

美国通过家庭教育促进美国价值观的践行。美国重视家庭在价值观教育中的重要作用，采取许多方式甚至运用法律手段督促家长担负起子女价值观教育与引导的责任。例如，田纳西州惩处连续缺课的学生家长50美元罚金；巴尔的摩、洛亚诺克等大城市的法庭处分犯法青少年的同时，还要判罚他们的家长跟着坐牢；加州和北卡罗来纳州规定各公司企业必须给予员工带薪假日，让员工到学校了解孩子在校受教育的情况。

通过政策、法律、财政等多方面共同保障

坚定不移地践行美国价值观是美国的一项基本国策。自美国建国以来，无论是共和党执政还是民主党执政，美国政府的领导人都将美国价值观作为其核心利益，不遗余力地保护和践行美国价值观。美国哈佛大学著名政治学家约瑟夫·奈指出，“自从建国初期开始，美国人就一直为将我们的价值观与我们的其他利益相结合而绞尽脑汁”。2013年奥巴马在就职演讲中说道：“我们将通过强大的军力和法制保护我们的人民，捍卫我们的价值观。”“作为公民，有义务塑造我们时代的辩题，不仅仅通过我们的选票，而且要为捍卫悠久的价值观和持久的理想发声。”

美国通过各种法律法规保证美国价值观的有效践行。美国《独立宣言》《权利法案》和《联邦宪法》是美国立国的基本法律制度，都对美国价值观的践行做了明确的规定。《权利法案》在第一条就规定个人拥有“宗教信仰自由、言论自由、出版自由、和平集会和向政府请愿的自由权利”。《联邦宪法》在序言中宣布“本宪法是以人民的名义制定的”。又如，《加利福尼亚教育法》第44790条规定，在加利福尼亚所有公立学校都需要设立相应的核心价值观教育计划。

美国通过大量的资金投入保障美国价值观的有效践行。据报道，美国政

府每年在价值观的教育、宣传、输出等方面的支出已远远超过军费投入。美国还有各式各样的基金会投入大量的资金进行美国价值观宣传教育或支持促进践行美国价值观的组织、机构和活动。例如，美国基金会中心的资料统计显示，2003—2004财政年度全美大学接受捐赠额为244亿美元，约占社会捐赠总额的1/8。

通过文化渗透、外交活动、跨国公司等多种渠道共同向国际社会推广

美国通过文化渗透向国际社会推广美国价值观。美国人深知美国文化的输出和渗透是向全球宣传推广美国价值观最有效的载体和渠道之一，因此，美国一直通过新闻、广播、图书、电影、电视、音乐、舞蹈、戏剧、文学、美术、教育、体育、卫生与科学技术等文化载体和渠道"悄悄地"向全球大肆兜售着美国价值观。美国学者约翰·耶马在《世界的美国化》中说道："美国真正的武器是好莱坞的电影业、麦迪逊大街的形象设计厂、马特尔公司和可口可乐公司的生产线。"例如，美国的电影与电视就是美国价值观输出的一个极其重要的渠道，美化和传播着美国民众的价值观念、行为模式、审美趣味，让全世界观众在"享受"中自觉不自觉地接受美国价值观。据统计，美国的电影生产总量只占世界生产总量的6%—7%，却占据了世界电影总放映时间的一半以上。

美国通过外交活动向国际社会推广美国价值观。美国人认为外交不仅是关乎美国政治和经济利益的谈判，更是对外宣扬美国价值观的重要机会和渠道。常常可以看到美国通过国际组织和会议上的发言、对热点国际事件的谈话、外交谈判及签订条约后的共同申明、对国外访问的演讲等外交活动向全球其他国家"光明正大"地宣扬和推广美国价值观。例如，2009年5月21日，奥巴马在美国国家博物馆就关闭关塔那摩监狱立场问题发表题为"保卫我们的安全和价值观"的讲话，他在演讲中说道："美国建国之初逐步订立的《独立宣言》《美国联邦宪法》《权利法案》是美国自由与公正的基础，是美国人民得以幸福生

活的根本，是全世界追求自由、公正、平等和尊严的民众的一座灯塔。”

美国通过跨国公司向国际社会推广美国价值观。美国大力支持美国跨国公司的海外扩张，这些公司无疑都是印刻着美国价值观标签的公司，利用其产品和商业影响力推动着美国价值观在全球“畅通无阻”，有意或无意地成为了推广美国价值观的“使者”。例如，据美国Facebook公司2014年7月公布的财务报告，Facebook的全球用户总数达到22亿人，占全球总人口的1/3。美国苹果公司的iPhone手机全球用户人数已超过5亿，美国可口可乐公司每天向全球供应10亿人的饮品，美国麦当劳公司每天向全球超过2000万人供应食品，美国好莱坞向全世界发行的影片占全球观看人数最多的电影中的85%。

美国以各种方式宣传践行自己的核心价值观，这是值得我们学习和借鉴的。但是，美国将自己的价值观当作普世价值，以此为幌子、为武器，横行天下，谋取自身利益，其对外的有些作为恰恰违反了其核心价值观的要求，如攻打伊拉克、支持中国的藏独势力等干涉别国内政的行为是必须反对的。恩格斯说过，每个国家的人民都有他们所应该有的政府。美国试图按照自己的价值观，将自己的制度强加给别国人民，这不仅违背了别国人民的意志，侵犯了别国人民选择自己的生活方式和政治体制的权利，而且从根本上是与其自由主义价值观背道而驰的。

（作者分别为华中科技大学国家治理研究院院长、哲学系教授，华中科技大学哲学系博士研究生）

怎样认识“西方马克思主义”

——兼谈我国“西方马克思主义”研究的缘起和论争

徐崇温

“西方马克思主义”研究，现在属于我国的国外马克思主义研究的一个组成部分。由于种种原因，这个方面的研究在我国是在20世纪70年代以后实行改革开放政策时才有所开展的。那么，“西方马克思主义”研究在我国为什么会开展起来，这个开展的进程又是怎样的呢？对“西方马克思主义”究竟应该怎么看呢？这里，结合我所参与的部分，作一些回顾性的阐述。

我所了解的“西方马克思主义”研究缘起

在1977—1978年间，胡乔木来中国社会科学院主持工作不久，就找学术情报和哲学两个研究所的领导去领受任务，其间说到，中央某领导在出访欧洲期间，接触到一种叫“西方马克思主义”的思潮，要他让中国社会科学院提供一份这方面的材料供参考。这两位所领导都说没有听说过这种思潮，任务没法下达。这时，正在现场的哲学所现代外国哲学研究室杜任之主任，就向乔木反映了他在我的文稿中看到过这方面信息的情况，乔木当即要我整理出一份系统地反映“西方马克思主义”情况的材料。几个月后这样的一份材料在经乔木的首肯后上报中央。哲学所科研处为让更多的同志了解这方面的情况，就让我在哲学所小范围内作一些介绍。这个信息很快传到了院外，中共中央联络部西欧局邀我去讲葛兰西，高教部邀我去它在上海、哈尔滨等地举办的高校暑期政治教师讲习班讲“西方马克思主义”。接着全国许多高校、党校、部队院校和一些讲习班、研讨班纷纷邀我去讲“西方马克思主义”，这种强烈的社会需要促使我把对“西方马克思主义”的研究由临时性的政治任务转变成我在尔后十多年内的研究专业。

评价“西方马克思主义”思潮，
不能以苏联模式的观点为标准，
而必须以马克思的新唯物主义世界观为评价指针

我对“西方马克思主义”性质的认识，也经历了一个发展过程。开始时，我曾习惯性地按照苏联模式马克思主义的观点去看这种思潮。但随着研究的逐步深入，我渐渐感到苏联模式关于它的观点，有一些是无限上纲、站不住脚的；而它批评苏联模式的观点，有一些却是事出有因并有一定道理的。这使我认识到必须重新确立观察和评价“西方马克思主义”思潮的理论坐标：不能以苏联模式的观点为标准，而必须以马克思的新唯物主义世界观为评价指针。

在马克思的新唯物主义世界观的指引下，我觉得“西方马克思主义”是西方社会的一种左翼激进主义思潮。一方面，它的许多代表在主观上希望发展马克思主义，并确实提出了一些在马克思主义发展中有见地的见解。但由于从一开始它就用西方形形色色的唯心主义流派的精神去解释、发挥、补充和“结合”马克思主义，把不同哲学世界观的折衷混合奉为指导思想，同马列主义相抗衡，这就使它同马克思主义区别了开来，因此不能把它和马克思主义画等号，不能认为它就是马克思主义。另一方面，它又提出了在马克思主义的发展过程中遭到忽视乃至偏离的问题，冲破了苏联模式教条主义的束

缚。根据这样的认识，我在1982年发表了《西方马克思主义》这一专著。《西方马克思主义》一书出版以后，产生了较大的社会反响。

我对“西方马克思主义”的这种看法，既区别于苏联东欧一些学者把它说成是“打着红旗反红旗的反马克思主义”的看法，又区别于西方一些新左派学者把它说成就是“马克思主义的现代化”“当代发达资本主义社会的马克思主义”的看法。

围绕着应该怎样认识“西方马克思主义”的性质所展开的争论

随着改革开放的深入发展，究竟应该怎样认识“西方马克思主义”性质的问题，被日益频繁和迫切地提上了议事日程。

“西方马克思主义”是在第一次世界大战以后，无产阶级革命在俄国取胜而在西方却相继失败的情况下，一些西方国家出现的一股在理论上同列宁主义相对立而又自称是马克思主义的思潮。它从理论和实践两个方面批评共产国际和苏联共产党的内外政策。政治方面，在对现代资本主义的分析和对社会主义的展望上、在无产阶级革命的战略上，它提出了不同于列宁主义的见解；哲学方面，它提出了不同于苏联模式对马克思主义的解释，而主张借助于现代西方的一些唯心主义流派的思想去重新“发现”马克思原来的设计。

倾向于全盘否定“西方马克思主义”的意见认为，它“在马克思主义外衣的掩盖下，贩卖资产阶级私货”，而且“从它诞生之时起，就在无产阶级革命实践中起着消极作用”，“极大地损害着进步的革命运动”。这种说法显然是不符合事实的。因为尽管“西方马克思主义”有许多错误和失误，它毕竟提出了或者重申了在马克思主义发展过程中曾经遭到忽略或者偏离的问题，考察了发达资本主义社会中出现的许多新情况、新问题，试图引进20世纪西方的理论作为研究日常生活微观领域的思想工具，并揭露和批评了苏联模式社会主义的一些弊端和缺陷。他们在长期的探索和研究中推出的大量理论著作，为我们从历史的比较和国际的观察中，深入研究社会主义运动的一些重大问题，并依据马克思主义的基本理论和基本方法探索解决我们面临的种种新问题，提供了极其重要的思想资料。所以，无论在性质还是作用上，对于“西方马克思主义”都是不能全盘否定的。

然而，全盘否定“西方马克思主义”的意见，在我国学术界毕竟只占极少数，更多的意见则是对“西方马克思主义”用西方唯心主义去“结合”马克思主义这一本质属性视而不见或者估计不足，因而竭力主张把它等同于马克思主义。正是这种意见和观点，从1988年开始，在我国引发了一场历时多年、扩展到海峡对岸的有关“西方马克思主义”的讨论和论战。

在这场讨论和论战中，有一种意见把“西方马克思主义”实行的现代西方哲学同马克思主义的“结合”，等同于马克思主义基本理论同本国实际的结合。这种意见显然是把两种不同类型的“结合”混淆了起来：马克思主义基本理论同各国具体实际的结合，导致的是世界观的统一和切合各国不同具体情况的多样化发展，而现代西方哲学同马克思主义的“结合”，是两种不同的哲学世界观的折衷混合，它导致“公说公有理，婆说婆有理”的真理多元化，在我国则导致指导思想的多元化。

“西方马克思主义”的哲学基础与基本理论

由于“西方马克思主义”是以现代西方唯心主义流派的精神去解释、发挥、补充、“结合”马克思主义的一种思潮，因此，彻底弄清楚它的性质，就必须分析它的哲学基础，厘清它同现代西方唯心主义哲学流派的联系。在这方面，我在“西方马克思主义”的两种思想倾向中，各选一种作为重点来分析其哲学基础：在人本主义思潮倾向中，选择萨特的“存在主义的马克思主义”，我在《存在主义哲学》等著作中，分析了它的哲学基础；在科学主义思想倾向中，则选择阿尔都塞的“结构主义的马克思主义”，我在《结构主义与后结构主义》等著作中分析了它的哲学基础。

这里以萨特的“存在主义的马克思主义”为例进行分析。萨特之所以要用存在主义去补充马克思主义，是因为它一方面“把马克思主义看作我们时代的不可超越的哲学”，另一方面，又把苏联的所作所为混同于马克思主义，从而认为马克思主义排斥人、把人吞没在概念里，“如果不把人本身作为它的基础而重新纳入自身之中，那么，它将变质为一种非人的人学”，解决的办法就是把“在凡是有人所在的地方到处去寻找人”的存在主义，补充到马克思主义中去，搞“存在主义的马克思主义”。但由于存在主义的主观的、个人主义的方向，同马克思主义的客观的、社会的方向，是相互冲突而不可调和的，所以，所谓用存在主义去补充马克思主义的“存在主义的马克思主义”，实际上只是用存在主义去攻击和取代马克思主义。

（作者为中国社会科学院荣誉学部委员、博士生导师）